“十三五”高职院校财经精品系列教材

新编统计基础
同步训练

（第二版）

主　编◎祝　刚　陈秀丽
主　审◎李柏村

西南财经大学出版社
Southwestern University of Finance & Economics Press
中国·成都

图书在版编目(CIP)数据

新编统计基础同步训练/祝刚,陈秀丽主编.—2版.—成都:西南财经大学出版社,2018.9

ISBN 978-7-5504-3682-4

Ⅰ.①新…　Ⅱ.①祝…②陈…　Ⅲ.①统计学—高等学校—习题集　Ⅳ.①C8-44

中国版本图书馆 CIP 数据核字(2018)第 193802 号

新编统计基础同步训练(第二版)

祝　刚　陈秀丽　主编

责任编辑:刘佳庆

封面设计:何东琳设计工作室

责任印制:朱曼丽

出版发行	西南财经大学出版社(四川省成都市光华村街 55 号)
网　　址	http://www.bookcj.com
电子邮件	bookcj@foxmail.com
邮政编码	610074
电　　话	028-87353785　87352368
照　　排	四川胜翔数码印务设计有限公司
印　　刷	四川五洲彩印有限责任公司
成品尺寸	185mm×260mm
印　　张	10.25
字　　数	248 千字
版　　次	2018 年 9 月第 2 版
印　　次	2018 年 9 月第 1 次印刷
印　　数	1—2000 册
书　　号	ISBN 978-7-5504-3682-4
定　　价	32.00 元

编写说明

教材作为教学的主要工具，既是联系教与学的有效途径，也是专业与课程建设的重要组成部分，更是专业与课程改革发展成果的凝结与体现。

对于高等职业教育来讲，教材建设历来是高职院校基本建设任务之一。高质量的教材是实施专业教学方案的主要载体、培养高质量职业人才的基本保证和实现高等职业教育培养目标的重要手段。大力发展高等职业教育，培养和造就适应社会生产、建设、管理，服务质量和技术水平一流的高素质、应用型人才，需要我们高度重视高等职业教育的教材改革和建设，编写和出版体现高等职业教育特色的优秀教材。本系列教材正是在这一宏观背景下诞生的。

职业教育是就业准备教育、生活准备教育、职业生涯教育，即对劳动者的终身教育。为了实现这一目标，我们在教材的建设中形成了“宽基础、精专业、多岗位”的基本思路，构建了“基础模块、专业模块、拓展模块”，以实现“一年打基础、两年通专业、三年上岗位”的财经商贸类职业人才的培养目标。

“宽基础”是指在专业文化基础课教材的建设中，科学调整课程目标，推进此类教材的改革。在价值取向上坚持专业文化基础是培育学生综合素质的必备课程，避免单纯为保就业的技能要求而冲淡专业文化基础课的教学，削弱后劲；在内容上贴近学生、贴近专业、贴近生活，着重培养学生对知识的学习能力和迁移能力、对问题的分析和解决能力、对职业环境的适应能力以及一定的创新能力。

“精专业”是指在专业教材建设中，从培养学生专业核心能力和职业岗位能力两个方面入手，将专业基本知识与职业岗位基本要求进行有机整合，既考虑学生的“就业导向”，更关注学生的职业生涯发展。

“多岗位”是指为满足学生就业需要，针对财经商贸类典型职业岗位的基本要求而编写具有很强实战性的实训教材。这部分教材一般具有较为明显的时效性、新颖性和操作性，在教材内容中及时融入职业岗位的新技术、新技能、新方法、新规程的要求，目的就是把学生引入行。由于学生的就业具有较大的不确定性，所以在实训教材的建构中，选择了“多岗位”的设计来满足学生对不同岗位实训的需求。

采用“宽基础、精专业、多岗位”教材建设模式，最大的优点就是可以有效地建构以专业人文素养、专业基础能力、典型职业岗位能力为主线的教材体系，使学生基础厚、专业强、就业好。

在继承原有教材建设成果的基础上，充分吸取近年来高职高专院校在探索培养高等技术应用型专门人才和教材建设方面取得的成功经验，本系列教材的编写特点是：

1. 加大实训教材开发力度

实训教材是站在专业的最前沿，紧密结合职业要求，与生产实际紧密相连，与相关专业的市场接轨，突出专业特色，渗透职业素质培养内容的载体。为了更好地体现高职教育特色，在本系列教材中我们加大了实训教材的开发力度。采取的主要方法是：对财经商贸类公共文化基础教材，采取加大练习和训练的方式来提升学生对知识的掌握能力；对专业性、实务性较强的课程，采取分步练习、强化训练、综合实训等方式进行学习，使学生既有较扎实的专业理论基础，又有熟练的操作技能。

2. 组建“双师型”编者团队

在这套系列教材建设中，为了更好地实现加强实训教材开发、完善的目的，我们一方面增加了“双师型”编者的比例，另一方面采取邀请财经战线的一线技术专家审稿的措施，较好地体现了教材的实用性、先进性和技术性。在强调“双师型”作者比例的同时，我们还特别注意挑选一些具有一定教学经验、懂得教学规律、文字功底深厚的编写者，以保证教材的编写质量。

3. 方便教学的系统性设计

本系列教材在选题上强调系统性和配套性，所选教材绝大多数是财经商贸类专业的常用教材。在这批教材中，除了在主辅教材的配备上考虑了教学的实用性，更为教师的教学提供了很多附加信息，如教学课件（PPT）、相关制度及政策参考资料、练习的参考答案等，为教师在备课、授课、辅导等方面提供了诸多方便。

随着高等职业教育的日益发展壮大，高职教育教学改革必将结出丰硕的成果。我们将在教材的建设过程不断吸取改革成果的精华，使教材能更好地服务于教学，向学生传递先进的、科学的职业知识。

值此系列教材出版之际，我们要特别感谢经济科学出版社和西南财经大学出版社的全力支持和热情扶持，感谢出版社各位编校同志为教材的顺利出版付出的辛勤劳动，感谢他们对财经高职教育教材建设做出的重要贡献。

高职高专财经商贸类教材建设是一个漫长的过程，我们才刚刚起步。在我们的教材中必定存在诸多不当和错误之处，恳请读者不吝赐教，以备修订、更正。

高等职业教育“十三五”规划精品教材
高等职业院校财经类专业系列教材 **编委会**

2018 年 1 月

QIAN YAN 前言

本书是为高职高专“十二五”规划精品教材《新编统计基础》编写的配套教学用书。

本书注重培养学生岗位实务操作能力，编排了统计分析方法与技巧的多种形式的练习与训练题。其内容新颖生动、趣味性强，旨在提高学生学习的积极性、主动性，便于学生更好地掌握所学知识。

本书采用循序渐进、由浅入深的写作方式，对学生所学的知识进行多角度、多层次、多方式、全方位的训练。具体内容安排是：

第一，单项选择题：对基础知识、基本概念进行训练；

第二，多项选择题：对基础知识、基本概念、基本技能理解和掌握的程度、熟练程度、灵活运用等进行全方位的训练；

第三，判断题：对知识与技能的纵横向关系、交叉与结合点进行能力性实训；

第四，填空题：对各章的知识要点进行练习；

第五，问答题：一般是教材的重点知识，可以部分供课堂提问使用，部分供学生进行练习；

第六，计算分析题：对统计实务与一般技能进行计算分析的综合性练习；

第七，单项训练题：结合本章内容，对学生应该掌握的技能进行训练。

教师在教学过程中，可以根据学生的实际情况，对该练习与训练选择使用。

本书的整体设计及习题和训练的选定由四川财经职业学院祝刚老师和陈秀丽老师完成。

由于水平所限，不足之处在所难免，欢迎使用者提出宝贵的意见或建议。

编者

2018 年 1 月

MU LU 目录

项目一　统计认知 001

一、单项选择题 001

二、多项选择题 004

三、判断题 007

四、填空题 008

五、问答题 009

六、单项训练题 010

项目二　数据采集 012

一、单项选择题 012

二、多项选择题 016

三、判断题 018

四、填空题 019

五、问答题 020

六、单项训练题 021

项目三　统计数据整理 024

一、单项选择题 024

二、多项选择题 028
三、判断题 031
四、填空题 032
五、问答题 033
六、计算分析题 034
七、单项训练题 039

项目四　统计数据分析 041
一、单项选择题 041
二、多项选择题 045
三、判断题 049
四、填空题 050
五、问答题 051
六、计算分析题 052
七、单项训练题 056

项目五　时间数列分析 059
一、单项选择题 059
二、多项选择题 063
三、判断题 066
四、填空题 067
五、问答题 068
六、计算分析题 070
七、单项训练题 076

项目六　统计指数应用 078
一、单项选择题 078
二、多项选择题 081
三、判断题 084
四、填空题 085
五、问答题 086

六、计算分析题 087
七、单项训练题 093

项目七　相关与回归分析 094
一、单项选择题 094
二、多项选择题 097
三、判断题 100
四、填空题 101
五、问答题 101
六、计算分析题 103
七、单项训练题 107

项目八　抽样推断技术 110
一、单项选择题 110
二、多项选择题 113
三、判断题 116
四、填空题 117
五、问答题 117
六、计算分析题 119
七、单项训练题 123

项目九　国民经济统计概述 126
一、单项选择题 126
二、多项选择题 128
三、判断题 129
四、填空题 130
五、问答题 131
六、计算分析题 132
七、单项训练题 133

参考答案 135

项目一 统计认知

一、单项选择题

练习要求： 在括号内依次填入所选中各项目的字母，每题只有一个正确答案。

1. 社会经济统计的研究对象是（　　）。
   A. 抽象的数量关系
   B. 社会经济现象的规律性
   C. 社会经济现象的数量方面
   D. 社会经济统计认识过程的规律和方法
2. 统计学是一门（　　）。
   A. 方法论的社会科学　　B. 方法论的自然科学
   C. 实质性的科学　　D. 方法论的工具性的科学
3. 统计学认识客观世界的特点有（　　）。
   A. 数量性、科学性、社会性、具体性、变异性
   B. 数量性、总体性、变异性、具体性、社会性
   C. 科学性、总体性、社会性、准确性、及时性
   D. 总体性、广泛性、通用性、数量性、工具性
4. 统计的含义是（　　）。
   A. 统计工作、统计整理、统计学
   B. 统计调查、统计整理、统计分析
   C. 统计工作、统计资料、统计学
   D. 统计分析、统计资料、统计学
5. 统计学的产生距今（　　）。
   A. 100 多年　　B. 300 多年
   C. 500 多年　　D. 3 000 多年
6. 统计学的创始人是（　　）。

A. 威廉·配第　　B. 阿亨瓦尔
C. 阿道夫·凯特勒　　D. 费希尔

7. 统计研究的基本方法有（　　）。
A. 统计分组法、大量观察法、统计指数法、抽样调查法和统计模型法
B. 大量观察法、统计模型法、综合指标法、统计推断法和统计指数法
C. 统计分组法、综合指标法、统计推断法、假设检验法和大量观察法
D. 大量观察法、统计分组法、综合指标法、统计推断法和统计模型法

8. 下列（　　）是品质标志。
A. 人口年龄　　B. 产品等级
C. 家庭收入　　D. 职工人数

9. 下列属于数量标志的是（　　）。
A. 学生的性别　　B. 学生的年龄
C. 学生的专业　　D. 学生的住址

10. 在职工生活状况研究中“职工收入”是（　　）。
A. 连续变量　　B. 离散型变量
C. 总体单位　　D. 变量值

11. 下列变量中属于连续变量的是（　　）。
A. 中等学校个数　　B. 国有企业数
C. 企业利润额　　D. 在校学生人数

12. 研究某市工业企业生产设备使用情况，则总体单位是（　　）。
A. 该市全部工业企业　　B. 该市全部工业企业每一台设备
C. 该市每一个工业企业　　D. 该市工业企业的全部生产设备

13. 对某市分行所辖属的支行职工月收入进行研究，则统计总体是（　　）。
A. 该市分行
B. 该市分行所属全部支行
C. 该市分行所属全部支行的全体职工
D. 该市分行所属全部支行职工的全部月收入

14. 研究某市教育系统职工文化程度状况，职工总人数是（　　）。
A. 数量标志　　B. 数量指标
C. 变量　　D. 质量指标

15. 以各个工业企业为总体单位，所有企业的“全员劳动生产率”是（　　）。
A. 品质标志　　B. 数量标志
C. 数量指标　　D. 质量指标

16. 下列指标中属于质量指标的是（　　）。
A. 总产值　　B. 合格率
C. 总成本　　D. 人口数

17. 某班 5 名学生的数学考试成绩分别为：75、80、83、90、95，这 5 个数字是（　　）。

A. 标志
B. 指标
C. 数量
D. 变量值或标志值

18. 要了解 100 名学生的学习情况，则总体单位是（ ）。
A. 100 名学生
B. 每一名学生
C. 100 名学生的学习成绩
D. 每一名学生的学习成绩

19. 一个统计总体（ ）。
A. 只能有一个标志
B. 只能有一个指标
C. 可以有多个标志
D. 可以有多个指标

20. 某机床厂要统计该企业的自动机床的产量和产值，上述两个变量（ ）。
A. 二者均为离散变量
B. 二者均为连续变量
C. 前者为连续变量、后者为离散变量
D. 前者为离散变量、后者为连续变量

21. 调查某市职工家庭的生活状况，则总体是（ ）。
A. 该市全部职工
B. 该市每个职工家庭
C. 该市全部职工家庭
D. 该市职工家庭总数

22. 指标是说明总体特征的，标志是说明总体单位特征的，所以（ ）。
A. 标志和指标之间的关系是固定不变的
B. 只有指标才可以用数值表示
C. 只有标志才可以用数值表示
D. 标志和指标之间的关系是可以相互转化的

23. 下列总体中，属于无限总体的是（ ）。
A. 全国人口总数
B. 全国企业总数
C. 全国汽车总数
D. 全国动物总数

24. 在全国人口普查中（ ）。
A. 男性是品质标志
B. 人的具体年龄是变量
C. 人口的平均寿命是数量标志
D. 全国的人口是统计指标

25. 若以某市工业企业为总体，则该市工业总产值是（ ）。
A. 总体
B. 标志
C. 指标
D. 变量值

26. 某地区工业企业职工为总体，下面属于指标的是（ ）。
A. 该地区工业企业每名职工的工资额
B. 该地区工业企业职工的文化程度
C. 该地区工业企业职工的工资总额
D. 该地区工业企业职工从事的工种

27. 下列变量属于连续变量的是（ ）。
A. 职工人数
B. 原煤产量
C. 汽车产量
D. 居民户数

28. 下列变量属于离散变量的是（　　）。
A. 企业数　　B. 总产值
C. 销售额　　D. 利润额

29. 某工人月工资为 1 800 元，则“工资”是（　　）。
A. 数量标志　　B. 品质标志
C. 质量指标　　D. 数量指标

30. 总体具有差异性的特征，差异性是指（　　）。
A. 标志的具体表现不同　　B. 指标和标志的名称不同
C. 总体单位之间的性质不同　　D. 总体和总体单位的性质不同

31. 下列标志中，属于数量标志的是（　　）。
A. 学生的年龄　　B. 学生的性别
C. 学生的专业　　D. 学生的籍贯

32. 下列标志中，属于品质标志的是（　　）。
A. 教师的课时　　B. 教师的教龄
C. 教师的职称　　D. 教师的工资

33. 某班 55 名学生来自不同地区。其中，1 名学生是回族，其余均为汉族，男、女生的平均身高分别为 1.72 米和 1.60 米，则不变标志是（　　）。
A. 家庭住址　　B. 民族
C. 身高　　D. 班级

二、多项选择题

练习要求：在括号内依次填入所选中各项目的字母，每题至少有两个正确答案。

1. 统计的含义是（　　）。
A. 统计工作　　B. 统计整理
C. 统计学　　D. 统计分析
E. 统计资料　　F. 统计调查

2. 统计学认识客观世界的特点有（　　）。
A. 数量性　　B. 总体性
C. 具体性　　D. 准确性
E. 变异性　　F. 社会性

3. 统计研究的基本方法有（　　）。
A. 综合指标法　　B. 统计推断法
C. 大量观察法　　D. 统计模型法

E. 统计指数法
F. 统计分组法

4. 下列指标中属于质量指标的是（　　）。
A. 全员劳动生产率
B. 工业产品总成本
C. 职工平均工资
D. 产品合格率
E. 产品单位成本
F. 工人出勤率

5. 下列属于品质标志的有（　　）。
A. 民族
B. 职业
C. 职称
D. 文化程度
E. 工作年限

6. 研究某企业职工的工资水平，“工资”对于各个职工而言是（　　）。
A. 标志
B. 数量标志
C. 指标
D. 数量指标
E. 变量
F. 连续型变量

7. 国有各企业属于数量标志的是（　　）。
A. 企业的职工人数
B. 企业的男职工人数
C. 企业所属部门
D. 企业现有设备台数
E. 企业管理人员数

8. 下列变量属于连续变量的有（　　）。
A. 人数
B. 身高
C. 体重
D. 工厂数
E. 利润率
F. 机器台数

9. 下列变量中属于离散变量的是（　　）。
A. 粮食产量
B. 企业个数
C. 职工工资
D. 在校学生人数
E. 身高
F. 设备台数

10. 下列指标属于数量指标的是（　　）。
A. 人口数
B. 国内生产总值
C. 人口密度
D. 土地面积
E. 人均国内生产总值

11. 下列指标属于质量指标的是（　　）。
A. 职工人数
B. 总产值
C. 劳动生产率
D. 平均工资
E. 单位产品成本

12. 以某班学生为总体，下列属于指标的是（　　）。
A. 该班学生总数
B. 该班某一学生的身高
C. 该班学生的平均身高
D. 该班学生的总成绩

E. 该班某一学生的总成绩

13. 要了解某地区全部成年人口的就业情况，那么（　　）。

A. 该地区全部成年人口是研究的总体

B. 该地区成年人口总数是统计指标

C. 该地区成年人口就业率是统计标志

D. 反映每个人特征的职业是数量指标

E. 某人职业是“教师" 是标志表现

14. 在全国人口普查中（　　）。

A. 全国人口总数是统计总体

B. 男性是品质标志的表现

C. 人的年龄是变量

D. 每一户是总体单位

E. 人口的平均年龄是统计指标

15. 研究某市的工业生产情况，则（　　）。

A. 总体是该市全部工业企业

B. 总体单位是该市每一个工业企业

C. 该市各工业企业的工业总产值是数量标志

D. 该市某企业“职工人数 5 000 人”是指标

E. 该市“工业总产值 50 亿元”是指标

16. 下列各项中，属于统计指标的是（　　）。

A. 我国 2017 年 GDP

B. 某台石油设备的使用年限

C. 某同学某学期平均成绩

D. 某省的原煤产量

E. 某市某月的供水量

17. 品质标志表示事物质的特征，数量标志表示事物量的特征，所以（　　）。

A. 数量标志只能用数值表示

B. 品质标志可以用数值表示

C. 数量标志不可以用数值表示

D. 品质标志不可以用数值表示

E. 两者都只能用数值表示

18. 总体、总体单位、标志、指标这几个概念间的相互关系表现为（　　）。

A. 没有总体单位就没有总体，总体单位也离不开总体而独立存在

B. 总体单位是标志的承担者

C. 指标是说明总体特征的，标志是说明总体单位特征的

D. 统计指标的数值来源于标志值

E. 总体不可能变成总体单位

F. 指标和标志都能用数值表现

19. 某市有两家外资企业，其利润额分别为 1 200 万元、1 650 万元，则（　　）。

A.“外资企业”是品质标志

B.“利润额”是指标

C.“利润额”是标志

D.“利润额”是变量

E. 1 200 万元、1 650 万元是变量值

三、判断题

练习要求：判断为正确的在括号内打“√”，错误的在括号内打“×”。

1.“统计”一词包含统计工作、统计资料、统计学三种含义。（　　）

2. 统计学不是研究现象的纯数量情况，而是要研究具体现象的数量关系。（　　）

3. 数量标志和数量指标本质上是一样的。（　　）

4. 数量指标一般表现为总量指标。（　　）

5. 品质标志有时也可以用数值去表现。（　　）

6. 总体和总体单位随着研究的目的不同可以相互转化。（　　）

7. 同质性是构成统计总体的前提，差异性是统计研究的前提。（　　）

8. 年龄“20 岁”是数量标志；性别“女”是品质标志。（　　）

9. 教师的性别、教龄、教学工作量、职称、文化程度、工资都是变量。（　　）

10. 变量按其值是否连续出现，可以分为确定性变量和随机性变量。（　　）

11. 5 名学生的考试成绩分别是“50 分”、“60 分”、“70 分”、“80 分”、“90 分”，这里出现了 5 个变量。（　　）

12. 指标和标志都是用来说明总体数量特征的，但两者在综合性上存在着差别。（　　）

13. 指标是反映总体数量特征的。（　　）

14. 质量指标一般表现为相对数或平均数。（　　）

15. 数量指标是通过质量指标汇总计算的。（　　）

16. 品质标志和数量标志可以相互转化。（　　）

17. 标志也可以反映总体的数量特征。（　　）

18. 变量按其值是否连续出现，可以分为连续型变量与离散型变量。（　　）

19. 统计研究客观现象，主要着眼于个体的数量特征。（　　）

20. 统计指标有的用文字表示，叫质量指标；有的用数字表示，叫数量指标。（　　）

21. 统计学是一门研究现象总体数量方面的方法论科学，所以它不关心，也不考虑个别现象的数量特征。（　　）

22. 统计总体是由某些性质不同的总体单位构成的。（　　）
23. 总体单位是标志的承担者，标志是依附于单位的。（　　）
24. 数量指标的表现形式是绝对数，质量指标的表现形式是相对数和平均数。（　　）
25. 统计资料是统计工作的成果，而统计学是统计工作的理论概括。（　　）
26. 连续变量的数值包括整数和小数。（　　）
27. 离散变量的数值只有整数。（　　）
28. 指标和标志一样，都是由名称和数值两部分组成。（　　）
29. 统计是以提供信息、咨询职能为主，监督职能为辅。（　　）
30. 变量是可变的数量标志，因此变量是名称而不是数值。（　　）
31. 用文字表述的指标叫质量指标，用数字表示的指标叫数量指标。（　　）
32. 全国工业普查中，全国工业企业数是统计总体，每个工业企业是总体单位。（　　）

四、填空题

练习要求：将正确的答案填入空白中。

1. 统计一词有三种含义即__________、__________和__________。

2. 统计学是______、______、______和______数据的科学。

3. 英国学者__________，由于所著的《__________》一书，马克思称之为“政治经济学之父”。

4. 比利时统计学家、数学家、天文学家__________完成了统计学和概率论的结合，他被国际统计学界称为“__________”。

5. 社会经济统计学研究的对象是社会经济现象______________，即社会经济现象总体的________和________。在其活动中一般表现以下五个方面的特点：________、__________、__________、__________和__________。

6. 统计指标反映的是________的数量特征，数量标志反映的是________的数量特征。

7. 标志是指总体中各单位所共同具有的属性和特征，它从两个角度分类，包括__________和__________或__________和__________。

8. 统计指标是反映________数量特征的________和________。一个完整的指标应该由六个要素组成：________、________、________、________、________和________。

9. 商品的价格在标志分类上属于__________、__________。

10. 变量按其数值是否连续有______变量和______变量之分；按其影响因素不同有________变量和________变量之分。

11. 统计工作过程有四个阶段，即________、________、________和________。

12. 统计指标按其反映事物的性质不同，可分为______指标和______指标；按其反映总体特征不同可分______指标、______指标和______指标。

13. 统计的职能包括____________、____________、____________。

五、问答题

练习要求：简要回答各问题的要点。

1. 统计的含义及三者的关系。

2. 什么是统计学？其产生和发展分为哪几个阶段？

3. 统计工作的过程分为几个阶段？每个阶段的主要工作是什么？

4. 统计学的研究对象是什么？统计活动的特点有哪些？

5. 统计学的研究方法有哪几种？

6. 什么是总体和总体单位？它们的关系是什么？试举例说明。

7. 什么是标志？它的分类情况如何？

8. 什么是变量？它是怎样进行分类的？

9. 什么是指标？一个完整的指标有哪几个要素？

10. 指标和标志的区别和联系是什么？

六、单项训练题

练习要求： 认真阅读资料，分析并回答相关问题。

（一）资料：

某高职学院为了掌握学生的基本情况，对该院全部学生进行了调查。调查资料显示：全院在校学生 3 622 人，其中会计系 1 382 人、金融系 540 人、计算机系 440 人、财税系 360 人、工商管理系 560 人、应用外语系 340 人；男生 1 382 人，女生 2 240 人；学生来自不同地区，有 32 名藏族学生、5 名回族学生、1 名蒙古族学生，其余均为汉族；全院学生中年龄最大的为 24 岁，最小的为 16 岁，平均年龄 19 岁。

（二）根据上述资料，分析回答下列问题：

1. 统计总体和总体单位是什么？

2. 资料中出现的标志有哪些？并指出其类型。

3. 资料中有没有出现变量？若有，属于哪一类？

4. 资料中出现的指标是什么？是数量指标还是质量指标？

项目二 数据采集

一、单项选择题

练习要求：在括号内依次填入所选中各项目的字母，每题只有一个正确答案。

1. 统计调查中收集的原始资料是指（　　）。
   A. 统计部门向上级提供的资料
   B. 统计部门向下级统计部门布置的统计任务
   C. 对总体单位调查所取得的反映个体特征，有待整理的统计资料
   D. 汇总后能反映总体的综合资料
2. 对某市进行工业生产情况调查，原始资料是（　　）。
   A. 历年工业生产情况
   B. 当期全市工业生产情况
   C. 当期每个工业企业的生产情况
   D. 预期明年工业生产情况
3. 对某市进行工业生产情况调查，次级资料是（　　）。
   A. 历年工业生产情况
   B. 当期全市工业生产情况
   C. 预期明年工业生产情况
   D. 当期工业生产情况
4. 原始资料与次级资料的相互关系是（　　）。
   A. 二者没有直接联系
   B. 二者是相互汇总关系
   C. 次级资料是从历史上的原始资料整理而来的
   D. 原始资料需要次级资料加工过渡
5. 只能按照事物的某种属性对其进行平行的分类或分组的数据称为（　　）。
   A. 分类型品质数据　　　　B. 顺序型品质数据

C. 数量数据　　D. 定量数据

6. 通过定序测定得到的统计数据称为（　　）。

A. 分类型品质数据　　B. 顺序型品质数据

C. 数量数据　　D. 定量数据

7. 对某地区的全部产业依据产业构成分为第一产业、第二产业和第三产业，这里所使用的计量方式是（　　）。

A. 分类型品质数据　　B. 顺序型品质数据

C. 数量数据　　D. 定量数据

8. 对某地区某日的气温进行测量，所得测度值，这里所使用的计量方式是（　　）。

A. 分类型品质数据　　B. 顺序型品质数据

C. 数量数据　　D. 定性数据

9. 原始统计数据是指（　　）。

A. 统计预测数据

B. 统计年鉴上发布的数据

C. 从各调查单位采集，尚待整理的数据

D. 统计部门掌握的数据

10. 在国有工业企业设备普查中，每一个国有工业企业是（　　）。

A. 调查对象　　B. 调查单位

C. 填报单位　　D. 调查项目

11. 在国有工业企业设备普查中，每一台设备是（　　）。

A. 调查对象　　B. 调查单位

C. 填报单位　　D. 调查项目

12. 调查单位和调查对象是个体与总体的关系。如果调查对象是全部工业企业，则调查单位是（　　）。

A. 工业企业中的职工　　B. 每一企业中的厂长

C. 每一个工业企业　　D. 企业中的每一个车间

13. 调查单位与填报单位的关系是（　　）。

A. 二者是一致的　　B. 二者有时是一致的

C. 二者没有关系　　D. 调查单位大于填报单位

14. 区别重点调查和典型调查的标志是（　　）。

A. 调查单位数目不同　　B. 收集资料方法不同

C. 确定调查单位标准不同　　D. 确定调查单位目的不同

15. 对一批商品进行质量检验，最适宜采用的调查方式是（　　）。

A. 重点调查　　B. 抽样调查

C. 典型调查　　D. 非全面统计报表

16. 调查期限是（　　）。

A. 调查工作的时限　　B. 调查资料所属时间

C. 调查时期　　D. 调查时点

17. 人口普查的调查单位是（　　）。

A. 每一户　　B. 所有的户

C. 每一个人　　D. 所有的人

18. 下列调查中，调查单位与填报单位一致的是（　　）。

A. 企业设备调查　　B. 人口普查

C. 农村耕畜调查　　D. 工业企业现状调查

19. 普查规定标准时点是为了（　　）。

A. 避免登记的重复与遗漏　　B. 确定调查对象的范围

C. 确定调查单位　　D. 确定调查期限

20. 对全国人口状况进行的调查属于（　　）。

A. 抽样调查　　B. 一次性调查

C. 典型调查　　D. 经常性调查

21. 对农作物产量进行抽样调查时，调查人员亲自抽取样本、收割、脱粒、扬场、晾晒、称量，这种调查从采集资料的方法上属于（　　）。

A. 直接调查　　B. 凭证调查

C. 访问调查　　D. 问卷调查

22. 连续调查与不连续调查的划分依据是（　　）。

A. 调查的组织形式

B. 调查登记的时间是否连续

C. 调查单位包括的范围是否全面

D. 调查资料的来源

23. 某市工业企业 2016 年生产经营成果年报呈报时间规定在 2017 年 1 月 31 日，则调查期限为（　　）。

A. 1 日　　B. 1 个月

C. 1 年　　D. 1 年零 1 个月

24. 调查时间的含义是（　　）。

A. 调查资料所属的时间　　B. 进行调查的时间

C. 调查工作期限　　D. 调查资料报送的时间

25. 重点调查中的重点单位，是指（　　）。

A. 处于较好状态的单位

B. 单位数较少，但就研究的标志值而言却占有总体的绝大比重的单位

C. 企业规模较大的单位

D. 在国计民生中地位重要的单位

26. 抽样调查按组织形式分，属于（　　）。

A. 全面调查　　B. 非全面调查

C. 专门调查　　D. 一次性调查

27. 某调查员于 7 月 15 日到某工厂了解该厂上半年利润情况，调查时间为（　　）。

A. 7月15日　　B. 上半年
C. 7月1~15日　　D. 没有调查时间

28. 调查单位是指（　　）。
A. 调查对象中的每一个个体单位　　B. 报告单位
C. 企事业单位　　D. 组成调查对象的全部单位

29. 下列调查属于全面调查的是（　　）。
A. 重点调查　　B. 典型调查
C. 抽样调查　　D. 普查

30. 在2010年11月1日零时进行的第六次全国人口普查，这个标准时点是指（　　）。
A. 调查工作的时限　　B. 调查资料所属时间
C. 调查登记的时间　　D. 调查期限

31. 调查首钢、宝钢等十数个大型钢铁企业，可以了解我国钢铁生产的基本情况，这种调查属于（　　）。
A. 典型调查　　B. 抽样调查
C. 重点调查　　D. 普查

32. 有意识选择三个农村点调查农民收入情况，这种调查方式属于（　　）。
A. 典型调查　　B. 重点调查
C. 抽样调查　　D. 普查

33. 某电灯泡厂为了了解该厂全部灯泡的质量情况，要进行灯泡的质量调查，这种调查应该选择（　　）。
A. 抽样调查　　B. 重点调查
C. 典型调查　　D. 普查

34. 以电话为媒介，采集所需要的数据的方法是（　　）。
A. 直接调查　　B. 凭证调查
C. 访问调查　　D. 问卷调查

35. 按问卷中的问题是否有固定答案，问卷分为（　　）。
A. 开放式问卷和封闭式问卷　　B. 访问问卷
C. 自记式问卷　　D. 他记式问卷

36. 由于调查者或被调查者的人为因素所造成的误差是（　　）。
A. 理论误差　　B. 抽样误差
C. 登记性误差　　D. 代表性误差

37. 抽样调查所产生的误差是（　　）。
A. 理论误差　　B. 实际误差
C. 登记性误差　　D. 代表性误差

38. 可以事先计算并加以控制的误差是（　　）。
A. 理论误差　　B. 实际误差
C. 登记性误差　　D. 代表性误差

二、多项选择题

练习要求：在括号内依次填入所选中各项目的字母，每题至少有两个正确答案。

1. 统计调查中，采集数据的来源有（　　）。
   A. 原始资料　　B. 次级资料
   C. 文字资料　　D. 数值资料
   E. 时间资料
2. 统计数据的种类有（　　）。
   A. 定量数据　　B. 定性数据
   C. 数量数据　　D. 顺序型数据
   E. 分类型数据
3. 非全面调查形式有（　　）。
   A. 重点调查　　B. 抽样调查
   C. 典型调查　　D. 全面统计报表
   E. 普查
4. 普查是（　　）。
   A. 非全面调查　　B. 专门调查
   C. 全面调查　　D. 经常性调查
   E. 一次性调查
5. 统计调查按调查的范围不同，可分为（　　）。
   A. 全面调查　　B. 普查
   C. 抽样调查　　D. 非全面调查
   E. 重点调查
6. 统计专门调查包括（　　）。
   A. 统计报表　　B. 抽样调查
   C. 普查　　D. 重点调查
   E. 典型调查
7. 统计报表的数据来源有（　　）。
   A. 原始记录　　B. 统计台账
   C. 统计预测资料　　D. 统计分析资料
   E. 基层单位的内部报表统计
8. 全国工业企业普查中（　　）。
   A. 全国工业企业是调查对象　　B. 每个工业企业是调查单位

C. 每个工业企业是填报单位
D. 全国工业企业是调查单位
E. 全国工业企业数是统计指标

9. 制订一个周密的调查方案，应确定（　　）。
A. 调查目的
B. 调查对象与调查单位
C. 调查项目与调查表
D. 调查时间与调查期限
E. 调查的组织工作

10. 调查单位是（　　）。
A. 需要调查的社会经济现象总体
B. 需要调查的社会经济现象总体的个体
C. 调查项目的承担者
D. 负责报告调查资料的单位
E. 调查对象所包含的具体单位

11. 乡镇企业抽样调查中，抽取的每一个乡镇企业是（　　）。
A. 调查主体
B. 调查对象
C. 调查单位
D. 调查项目
E. 填报单位

12. 属于一次性调查的是（　　）。
A. 人口普查
B. 职工家庭收支情况调查
C. 单位产品成本变动调查
D. 全国现有耕地面积调查
E. 房地产业民用住宅空置量调查

13. 统计误差按产生的原因分为（　　）。
A. 实际误差
B. 绝对误差
C. 理论误差
D. 登记性误差
E. 代表性误差

14. 统计调查数据的直接来源有（　　）。
A. 直接观察法
B. 报告法
C. 访问法
D. 问卷法
E. 文献法

15. 统计数据的间接来源有（　　）。
A. 上网查询
B. 查阅公开出版物
C. 直接观察
D. 向有关机构咨询
E. 典型调查

16. 进行普查要注意的要点是（　　）。
A. 制订调查方案
B. 规定统一的标准时点
C. 规定统一的普查期限
D. 提前进行试点工作
E. 规定统一的普查项目和指标

17. 重点调查是一种（　　）。
A. 统计报表制度
B. 非全面调查

C. 对重点单位进行的调查　　D. 只要求掌握调查对象的基本情况
E. 以上都对

18. 抽样调查是按照随机原则从调查总体中抽取一部分单位进行调查，而后推算总体资料的方法。它的特点包括（　　）。
A. 是一种非全面调查　　B. 按照随机原则抽选调查单位
C. 目的在于推算反映全面情况的数据　　D. 是一种定期进行的调查
E. 与重点调查的单位取得相同

19. 典型调查是根据调查目的和任务，有意识地从调查总体中选择一部分有代表性的单位进行深入调查、取得较为详细资料的调查方法。它具有下述特点（　　）。
A. 是一种非全面调查方法　　B. 应用比较灵活、广泛
C. 调查单位的选择具有主观性　　D. 是一种专门组织的统计调查方式
E. 可以补充全面调查的不足

20. 代表性误差产生的原因主要有（　　）。
A. 样本的抽取没有严格遵循随机原则
B. 由于调查者或被调查者的人为因素所造成的
C. 样本结构与总体结构的差异而产生的
D. 样本容量不足而产生的
E. 有关的规定或解释不明确导致的

三、判断题

练习要求： 判断为正确的在括号内打“√”，错误的在括号内打“×”。

1. 统计调查的时间有双重含义：资料所属时间和调查工作期限。（　　）
2. 全面调查只适用于有限总体。（　　）
3. 重点调查只能是一次性调查。（　　）
4. 调查单位和填报单位在任何情况下都不一致。（　　）
5. 全面调查包括普查和全面统计报表。（　　）
6. 问卷法中调查数量应多于研究数量。（　　）
7. 重点调查的重点单位是有意识选择的。（　　）
8. 抽样调查单位的抽取不能有任何主观意愿。（　　）
9. 全面调查与非全面调查是根据调查结果所取得的资料是否全面来划分的。（　　）
10. 要想通过非全面调查来取得全面调查资料，应选用典型调查方法。（　　）
11. 典型调查既可以收集数据资料，又可以收集不能用数字反映的情况。（　　）
12. 调查期限就是进行调查工作所用的时间。（　　）

13. 在统计调查中，总体单位就是调查单位。（　）
14. 问句不是调查项目。（　）
15. 重点调查中的重点单位是根据当前工作的重点来确定的。（　）
16. 重点调查和抽样调查都是非全面调查，其调查结果都可以用于推算总体指标。（　）
17. 调查方案的首要问题是确定调查对象。（　）
18. 典型调查和抽样调查的根本区别是选择调查单位的方法不同。（　）
19. 全面调查包括普查和统计报表。（　）
20. 对全国十多家大型钢铁生产企业的生产情况进行调查，以掌握全国钢铁生产的基本情况，这种调查属于重点调查。（　）
21. 来自别人调查和科学试验的数据是统计数据的间接来源。（　）
22. 封闭式问卷是指问卷中的问题没有固定答案。（　）
23. 代表性误差是指在用部分单位的数据推断总体数据时所产生的误差。（　）

四、填空题

练习要求： 将正确的答案填入空白中。

1. 统计调查中数据的来源有两类：一类是__________；另一类是__________。
2. 统计数据的种类有__________、__________和__________。
3. 按调查对象包括范围的不同来划分，统计调查可分为______调查和______调查。
4. 按调查登记的时间是否连续来划分，统计调查可分为______调查和______调查。
5. 我国的统计方法制度改革所围绕的指导思想是："建立以____________为基础，以____________为主体，同时辅之以________和________等多种方法综合运用的统计调查方法体系。"
6. 统计调查按其组织方式分类，可以分为__________和专门调查两类，其中专门调查又包括__________、__________、__________、__________四种。
7. 统计调查采集的数据有三种，即__________、__________和__________。
8. 数据采集的基本要求是________、________、________和________。
9. 统计数据的直接来源包括统计调查和________，统计调查的数据采集方法主要有____________、____________、____________、____________和____________。
10. 一般来说，统计调查方案的内容必须包括_______________、_________________、____________、__________________、______________。
11. 若要调查某地区工业企业职工素质情况，调查对象为________________，调查单位为______________，填报单位为____________。

12. 调查表一般由__________、__________和__________三部分组成。

13. 普查是一种专门组织的________的________，它主要用来调查一定______上的社会经济现象总量。

14. 重点调查是一种________。它所选择的重点单位是指____________________所占的比重小，但__________________________所占的比重大。

15. 典型调查有三种方式：______________、______________和______________。

16. 抽样调查最明显的特点是__________________和__________________。

17. 统计报表是由____________________，按照__________的统一规定，__________布置，__________逐级提供统计资料的数据采集方式。

18. 统计报表按数据采集的范围不同，分为____________和____________。

19. 统计报表按报送周期长短不同，分为____、____、____、____、____和____。

20. 统计报表的数据来源于基层单位的__________、____________和____________。

五、问答题

练习要求： 简要回答各问题的要点。

1. 什么是数据采集？对数据采集的基本要求是什么？

2. 一个完整的统计调查方案应包括哪些主要内容？

3. 调查对象、调查单位和填报单位的关系是什么？

4. 什么是全面调查和非全面调查？它们各包括哪些调查方法？

5. 举例说明统计数据的种类。

6. 什么是普查？普查要注意的要点有哪些？

7. 什么是重点调查？如何理解重点单位的内容？

8. 什么是抽样调查？抽样调查的特点是什么？

9. 谈谈你对统计误差的认识，对它们应如何控制？

10. 如何理解各种统计调查方式的结合应用？

六、单项训练题

练习要求：认真阅读资料，采集、分析数据，并按要求进行训练。

（一）数据采集的训练

学生的日常消费情况调查

1. 观察

观察学校餐厅饭、面、点心以及各种菜肴的价格，了解各类食品的销售情况和其他消费情况。

2. 统计

统计学生日常消费支出。

表 2-1 一个学生一天的消费情况统计表

消费品名	预计	实际消费
早餐		
中餐		
晚餐		
零食		
饮水		
学习杂费		
通信		
文化消费		
其他		
合　计		

注：娱乐费、交通费按月统计

（1）通过每一天的记录（连续一个月），计算出自己一个月的生活消费。

（2）观察、调查若干个同学一个月生活的必需消费。

（3）分门别类：哪些是生活必需的消费？哪些是可有可无的消费？哪些是不必要的消费？

（4）观察、记录你周围的消费现象。

3. 分析

通过以上的统计活动的过程的记录，分析以下问题：

（1）你学校所在地在什么地方，生活标准有多高？

（2）你在学校吃、用、穿和一些必要开支的大致比例应是多少？

（3）你所在的学校的最低生活标准应是多少？一般消费水平是多少？

（4）你在学校现在每月生活开支是多少？你觉得那些开支都是必要的吗？

4. 分析报告

根据以上数据的采集过程和分析结论撰写一份简要的统计报告。

（二）调查问卷设计的训练

请为采集其他同学生活消费支出的数据，设计一个调查问卷。

项目三 统计数据整理

一、单项选择题

练习要求：在括号内依次填入所选中各项目的字母，每题只有一个正确答案。

1. 统计数据整理的资料（　　）。
   A. 只包括原始资料　　B. 只包括次级资料
   C. 包括原始资料和次级资料　　D. 是统计分析结果
2. 按某种标志将总体划分为性质不同部分的统计方法是（　　）。
   A. 统计调查　　B. 统计整理
   C. 统计分析　　D. 统计分组
3. 国民收入水平分组是（　　）。
   A. 品质标志分组　　B. 数量标志分组
   C. 复合标志分组　　D. 混合标志分组
4. 统计分组的关键是（　　）。
   A. 确定组数　　B. 确定组限
   C. 确定组距　　D. 选择分组标志和确定组限
5. 全国总人口按年龄分为五组，这种方法属于（　　）。
   A. 简单分组　　B. 复合分组
   C. 品质标志分组　　D. 平行分组
6. 统计分配数列（　　）。
   A. 都是品质数列　　B. 都是变量数列
   C. 包括品质数列和变量数列　　D. 以上三种都不是
7. 区别简单分组与复合分组的依据是（　　）。
   A. 分组对象的复杂程度不同　　B. 分组数目的多少不同
   C. 分组标志多少不同　　D. 分组的目的和任务不同
8. 在频数分布中，频率是指（　　）。

A. 各组的频率相互之比　　B. 各组分布频数相互之比
C. 各组分布频数与频率之比　　D. 各组分布频数与总频数之比

9. 在确定连续型变量时，相邻的组限一般要求是（　　）。
A. 重叠　　B. 间断
C. 不等　　D. 变化

10. 用离散型变量分组时，相邻组的上、下限（　　）。
A. 应重叠　　B. 应间断
C. 可以重叠　　D. 必须重叠

11. 在全距一定的情况下，组距大小与组数多少（　　）。
A. 成反比　　B. 成正比
C. 无关系　　D. 无法判断

12. 单项数列包括（　　）。
A. 组距数列　　B. 等距数列
C. 开口数列　　D. 以上答案全错

13. 某连续型变量的组距数列，其末组为开口组，下限为 600，其邻组的组中值为 550，则末组的组中值为（　　）。
A. 550　　B. 650
C. 700　　D. 750

14. 某小区居民人均月收入最高为 5 500 元，最低为 2 500 元。据此分为 6 组，形成等距数列，其组距应为（　　）。
A. 500　　B. 600
C. 5 50　　D. 650

15. 如果对某企业职工先按年龄分组，在此基础上再按收入水平分组，这是（　　）。
A. 再分组　　B. 简单分组
C. 复合分组　　D. 分类

16. 某年收入变量数列，其分组依次为 10 万元以下、10 万 ~20 万元、20 万 ~30 万元、30 万元以上，则有（　　）。
A. 10 万元应归入第一组　　B. 20 万元应归入第二组
C. 20 万元应归入第三组　　D. 30 万元应归入第三组

17. 在全距确定时，组数与组距的关系是（　　）。
A. 组数越多，组距越小　　B. 组数越多，组距越大
C. 组数与组距无关　　D. 组数越少，组距越小

18. 划分离散变量的组限时，相邻两组的组限（　　）。
A. 必须是间断的　　B. 必须是重叠的
C. 既可以是间断的，也可以是重叠的　　D. 应当是相近的

19. 采用不等距分组编制变量数列是因为（　　）。
A. 现象是均匀变动的　　B. 现象变动是不均匀的

C. 在标志值中没有极端值　　D. 在标志值中有极端值

20. 编制复合表是因为（　　）。

A. 分组的组数太多　　B. 现象变动太复杂

C. 分组的组距太大　　D. 主词是复合分组

21. 主词经简单分组而编制的统计表是（　　）。

A. 简单表　　B. 调查表

C. 分组表　　D. 复合表

22. 统计整理主要是整理（　　）

A. 历史资料　　B. 分析资料

C. 原始资料　　D. 综合资料

23. 企业按资产总额分组（　　）。

A. 只能使用单项式分组

B. 只能使用组距式分组

C. 可以单项式分组，也可以用组距式分组

D. 无法分组

24. 在编制等距数列时，如果全距等于60，组数为6，为统计运算方便，组距应取（　　）。

A. 3　　B. 9

C. 6　　D. 10

25. 组距、组限、组中值之间关系是（　　）。

A. 组中值=（上限+下限）÷2　　B. 组距=（上限-下限）÷2

C. 组中值=（上限+下限）×2　　D. 组限=组中值÷2

26. 对职工的生活水平状况进行分组研究，正确地选择分组标志应当用（　　）。

A. 职工月工资总额　　B. 职工人均月收入额

C. 职工家庭成员平均月收入额　　D. 职工的人均月岗位津贴及奖金

27. 将统计表分为总标题、横行标题、纵栏标题和指标数值四部分是（　　）。

A. 从形式上看　　B. 从内容上看

C. 从作用上看　　D. 从性质上看

28. 分配数列有两个组成要素，它们是（　　）。

A. 一个是单位数，另一个是指标数

B. 一个是指标数，另一个是分配次数

C. 一个是分组，另一个是次数

D. 一个是总体总量，另一个是标志总量

29. 统计分组技术根据统计研究的目的，按照一个或几个分组标志（　　）。

A. 将总体分成性质相同的若干部分

B. 将总体分成性质不同的若干部分

C. 将总体划分成数量相同的若干部分

D. 将总体划分成数量不同的若干部分

30. 按某一标志分组的结果，表现出（　　）。
A. 组内同质性和组间差异性
B. 组内差异性和组间差异性
C. 组内同质性和组间同质性
D. 组内差异性和组间同质性
31. 统计分组的关键在于（　　）。
A. 正确选择不同特征的品质标志和数量标志
B. 确定组距
C. 选择统计指标和统计指标体系
D. 选择分组标志和划分各组界限
32. 下列分组中按品质标志分组的是（　　）。
A. 企业按年生产能力分组
B. 产品按质量进行分组
C. 家庭按人均收入水平分组
D. 人口按年龄分组
33. 统计分组的原则是（　　）。
A. 列举与互斥
B. 穷举与互斥
C. 列举与交互
D. 穷举与交互
34. 汇总各组单位数的手工方法一般用（　　）。
A. 划记法
B. 过录法
C. 折叠法
D. 卡片法
35. 下面数列中不属于分配数列的是（　　）。
A. 品质数列
B. 单项数列
C. 时间数列
D. 组距数列
36. 将调查的全部统计数据资料集中到组织统计调查的最高一级机关，进行一次性直接汇总称为（　　）。
A. 逐级汇总
B. 间接汇总
C. 集中汇总
D. 综合汇总
37. 统计数据审核的重点和关键是（　　）。
A. 完整性审核
B. 及时性审核
C. 准确性审核
D. 系统性审核
38. 统计数据分布的特征是“两头小，中间大”，是指（　　）。
A. 钟形分布
B. U 形分布
C. 正 J 形分布
D. 反 J 形分布
39. 利用点、线、面、体来表现统计数据的图形是（　　）。
A. 几何图
B. 象形图
C. 统计地图
D. 箱线图
40. 表示该组上限以下的次数或频率之和，是指（　　）。
A. 向上累计
B. 下组次数
C. 向下累计
D. 上组次数

二、多项选择题

练习要求：在括号内依次填入所选中各项目的字母，每题至少有两个正确答案。

1. 统计整理是（　　　）。
   A. 统计调查的继续　　B. 统计设计的继续
   C. 统计调查的基础　　D. 统计分析的前提
   E. 对个体量观察到总体量认识的连接点

2. 统计分组（　　　）。
   A. 是一种统计方法　　B. 对总体而言是“合”
   C. 对总体而言是“分”　　D. 对个体而言是“合”
   E. 对个体而言是“分”

3. 统计资料整理的内容一般包括（　　　）。
   A. 统计审核　　B. 统计分组
   C. 统计汇总　　D. 进行统计分析
   E. 编制统计表

4. 统计资料的审核主要是审核资料的（　　　）。
   A. 完整性　　B. 及时性
   C. 准确性　　D. 代表性
   E. 科学性

5. 统计汇总的组织形式一般有（　　　）。
   A. 逐级汇总　　B. 集中汇总
   C. 手工汇总　　D. 计算机汇总
   E. 综合汇总

6. 某单位100名职工按工资额分为300元以下、300~400元、400~600元、600~800元、800元以上五组。这一分组（　　　）。
   A. 是等距分组
   B. 分组标志是连续型变量
   C. 末组组中值为850元
   D. 某职工工资600元，应统计在“600~800元”一组
   E. 相邻的组限是重叠的

7. 组中值是组距数列中各组标志值的中点数值，其可供选用的计算方法有（　　　）。
   A. 组中值=本组（上限+下限）÷2

B. 组中值=上限-相邻组组距÷2
C. 组中值=上限+相邻组组距÷2
D. 组中值=下限-相邻组组距÷2
E. 组中值=下限+相邻组组距÷2

8. 统计分组的作用（　　）。
A. 选择分组标志
B. 划分社会经济类型
C. 反映总体的内部结构
D. 揭示现象之间的依存关系
E. 科学地确定组限

9. 统计表的构成部分有（　　）。
A. 总标题
B. 横行标题
C. 纵栏标题
D. 统计分组
E. 数据资料

10. 统计表的内容构成部分有（　　）。
A. 总标题
B. 主词
C. 宾词
D. 数据资料
E. 分组标题

11. 统计表按主词是否分组或分组的程度不同，可分为（　　）。
A. 简单表
B. 分组表
C. 复合表
D. 统计报表
E. 调查表

12. 下列分组中按品质标志分组的有（　　）。
A. 职工按工资分组
B. 科技人员按职称分组
C. 人口按性别分组
D. 企业按所有制分组
E. 企业按劳动生产率分组

13. 按分组标志不同，分配数列可分为（　　）。
A. 等距数列
B. 异距数列
C. 品质分配数列
D. 变量分配数列
E. 次数与频率

14. 下列分组按数量标志分组的是（　　）。
A. 学生按健康状况分组
B. 工人按出勤率状况分组
C. 企业按固定资产原值分组
D. 家庭按收入水平分组
E. 人口按地区分组

15. 分组标志的选择应遵循的原则是（　　）。
A. 按对总体划分的标准选择
B. 要根据统计研究目的和任务选择
C. 要适应被研究对象的特征
D. 能反映现象本质的标志
E. 必须考虑历史资料的可比性

16. 在组距数列中，组中值是（　　）。

A. 上限和下限之间的中点数值

B. 用来代表各组标志值的平均水平

C. 在开放式分组中无法确定

D. 在开放式分组中，可以参照相邻组的组距来确定

E. 就是组平均数

17. 在次数分配数列中（　　）。

A. 总次数一定，频数和频率成反比

B. 各组的频数之和等于 100

C. 频率是各组次数占总次数之比

D. 频数越小，则该组的标志值所起的作用越小

E. 频率又称为次数

18. 在组距数列中，组距数列的表现形式有（　　）。

A. 闭口式　　B. 开口式

C. 等距　　D. 不等距

E. 有组限

19. 等距分组是指（　　）。

A. 各组组距是相等的

B. 各组组距绝大部分是相等的

C. 各组变量值变动的区间是相等的

D. 开口组可以与其他组组距不等

E. 适用于变量分布比较均匀

20. 分配数列的两个构成要素为（　　）。

A. 品质标志和数量标志　　B. 次数或频率

C. 各个组别　　D. 次数

E. 分组标志

21. 按分组标志特征不同，分配数列可分为（　　）。

A. 等距数列　　B. 异距数列

C. 品质数列　　D. 变量数列

E. 单项数列

22. 在组距数列中，组距的大小（　　）。

A. 同组数的多少成反比　　B. 同组数的多少成正比

C. 同全距的大小成反比　　D. 同全距的大小成正比

E. 同总体单位数的多少成正比

23. 下面是变量分配数列的是（　　）。

A. 大学生按所学专业分配

B. 大学生按年龄的分配

C. 商店按商品销售额大小的分配

D. 工人按生产每一零件时间消耗的分配

E. 2017 年某工厂每个月工人劳动生产率

24. 次数（　　）。

A. 是指各组的总体单位数

B. 只有在变量数列中才存在

C. 只有在品质数列中才存在

D. 又称权数

E. 又称频数

三、判断题

练习要求： 判断为正确的在括号内打“√”，错误的在括号内打“×”。

1. 统计分组的关键是确定统计分组数。（　　）
2. 简单分组后所形成的统计表是简单表。（　　）
3. 连续型变量在进行分组时，必须是重叠分组。（　　）
4. 用一个标志值去代表一个组所形成的数列称之为单项数列。（　　）
5. 分配数列的两个组成要素是次数和频率。（　　）
6. 分配数列分为品质数列和变量数列。（　　）
7. 按数量标志分组后所形成的数列是变量数列。（　　）
8. 品质分组后所形成的数列是品质数列。（　　）
9. 离散型变量也可以进行“重叠”分组。（　　）
10. 在确定组限时，最大组上限必须大于变量值，最小组下限必须小于最小变量值。（　　）
11. 分组标志的选择必须考虑历史资料的可比性。（　　）
12. 统计资料的整理不仅是对原始资料的整理，而且还包对次级资料的整理。（　　）
13. 连续型变量在进行分组时，其组限可以采取“不重叠”分组。（　　）
14. 统计分组可划分社会经济现象的类型。（　　）
15. 统计报表也是统计表。（　　）
16. 品质数列也可计算组中值。（　　）
17. 全距一定时，组数与组距呈反比关系。（　　）
18. 组限有时也是组距。（　　）
19. 一般情况下，简单分组简单，而复合分组比较复杂。（　　）
20. 分配数列的实质就是把总体单位总数按照总体所分的组进行分配。（　　）
21. 分配数列由各个组别和各组次数构成，而时间数列由时间和指标数值构成。（　　）

22. 统计表中的数值可以带单位，也可以带符号（如百分号）。 (　　)
23. 统计数据整理的关键就是对各项整理的指标进行汇总。 (　　)
24. 之所以能对统计总体进行分组，是由其“差异性”的特征所决定的。 (　　)
25. 按数量标志进行分组的目的，就是要区别各组在数量上的差异。 (　　)
26. 离散型变量进行组距分组后，组限必须间断表示。 (　　)
27. 在开口组的组距数列中，开口组的组中值是用相邻组的组中值代替。 (　　)
28. 累计次数的计算仅限于组距数列。 (　　)

四、填空题

练习要求： 将正确的答案填入空白中。

1. 统计数据整理是根据统计研究的__________，将统计调查得到的大量的______________进行__________使之条理化、系统化，得到能说明__________特征的综合资料的工作过程。

2. 统计数据整理是从________________的过渡阶段，也是对现象个体量的认识到总体量认识的________，它在整个统计工作中起着__________的作用。

3. 统计分组就是根据统计研究的__________，按照______将总体划分为若干个____不同部分的一种统计方法。

4. 在组距数列中，表示各组界限的变量值称为________，各组上限与下限之间的中点值称为__________。

5. 统计分组要遵循两个原则：____________和____________。前者又称为______原则，后者又称为______原则。

6. 组距式分组根据其分组的组距是否相等可以分为____分组和______分组。

7. 对于连续变量划分组限时，相邻组的组限是______的，汇总各组单位数时若没有其他规定，则各组的________________不包括在本组之内。

8. ______表明各组标志值对总体的相对作用强度，是________与__________之比。

9. 统计分组的目的就是正确地反映统计研究对象的本质特征，保持组内的________和组间的________。

10. 统计分组的关键在于______________。

11. 手工汇总就是采用________的方法进行的汇总，主要适用于________单位使用，其具体做法有__________、__________、__________和________。

12. 统计汇总按组织形式不同，可以分为__________、________和________三种。

13. 统计数据的整理是一项十分复杂而细致的工作通常包括以下几个步骤：______、______________、______________、______________、______________、____________。

14. 数据资料的准确性审核是审核的________。对资料准确性的审核一般从三个方面入手：____________、____________、____________。

15. 根据变量值的变动范围不同，将变量数列分为________数列和________数列两种。

16. “上组限不在内”原则是指____。

17. 钟形分布的特征是__________________，它又分为_____分布和_____分布。

18. 统计表按____是否分组或分组的程度不同可分为________、______、________。

19. 利用点、线、面、体来表现统计数据的图形叫________。

20. 累计次数分为________和________。__________是由变量值小的组向变量值大的组累计次数或频率；__________是由变量值大的组向变量值小的组累计次数或频率。

五、问答题

练习要求：简要回答各问题的要点。

1. 什么是统计整理？有何意义？

2. 统计整理的步骤有哪些？

3. 什么是统计分组？统计分组的作用是什么？如何进行分类？

4. 统计分组的关键是什么？怎样选择分组标志？

5. 单项分组与组距分组分别在什么条件下运用？

6. 统计表在结构和内容上各包括哪几个方面？

7. 简述统计汇总的组织形式。

8. 什么是统计图？有哪些类型？

9. 确定组限以及组限表示方法的要点有哪些？

10. 次数分布的类型有哪些？

六、计算分析题

练习要求：按各题的要求，计算、填表和进行分析。

1. 有下列资料，请计算表中的组中值和组距。

表 3-1　　某企业月工资额资料表

月工资额（元）	组距	组中值
600 以下	—	
600～800		
800～1 000		
1 000～1 200		
1 200 以上	—	

2. 某地 15 个企业的有关资料如下：

表 3-2　　某地 15 个企业有关资料表

企业序号	工人数（人）	实际产值（万元）	计划完成（%）
1	450	340	103
2	560	400	100
3	640	430	93
4	780	720	102
5	830	650	98
6	760	900	115
7	810	660	91
8	1 230	1 780	124
9	1 210	970	92
10	200	150	106
11	120	100	100
12	170	140	104
13	230	180	96
14	1 320	1 350	100
15	1 050	1 670	115

根据以上资料

（1）按计划完成程度分组，整理出一份统计分组表。

表 3-3　　某地 15 家企业计划完成情况表

计划完成（%）	企业数（个）
合　计	

（2）按工人数分组，整理出一份统计表，以表明企业规模与工人劳动生产率的关系。

表 3-4　　某地企业规模与工人劳动生产率的关系

工人数（人）	企业数（个）	劳动生产率（万元 / 人）

3. 某地区 30 个工业企业情况

表 3-5 某地区 30 个工业企业情况表

编号	部门	所有制	职工人数（人）	编号	部门	所有制	职工人数（人）
1	工业	国有	200	16	工业	国有	380
2	商业	国有	220	17	商业	国有	400
3	交通	个体	230	18	商业	集体	410
4	工业	集体	230	19	工业	集体	410
5	交通	集体	240	20	工业	集体	420
6	交通	个体	280	21	交通	个体	420
7	工业	国有	290	22	商业	个体	420
8	工业	个体	300	23	工业	国有	450
9	商业	国有	310	24	交通	国有	480
10	交通	国有	320	25	工业	集体	500
11	工业	个体	340	26	交通	国有	520
12	商业	国有	356	27	工业	集体	520
13	工业	集体	360	28	工业	国有	600
14	商业	集体	360	29	商业	国有	800
15	工业	集体	370	30	工业	国有	900

要求：整理编制以下统计表。

（1）主词用一个品质标志（所有制），宾词用一个品质标志与一个数量标志（分三组）的简单分组统计表（填下表）。

表 3-6 简单分组统计表

所有制分组	企业数（个）	部门			职工人数（人）		
合　计							

（2）主词用两个品质（所有制及部门分类）分组，宾词用一个数量标志（分三组）的复合分组统计表（填下表）。

表 3-7　　复合分组统计表

所有制及部门分组	企业数（个）	职工人数（人）			
					合　计
合　　计					

4. 某企业某班组二人日产量如下资料：

表 3-8　　某企业某班组二人日产量

日产量分组（件）	工人数（人）	组距	组中值	频率（%）
50~60	6			
60~70	12			
70~80	18			
80~90	10			
90~100	7			
合　计	53	—	—	

根据上表：

（1）该变量数列属于哪一种变量数列？

（2）说明变量数列的变量、变量值、上限、下限、次数。

（3）计算组距、组中值、频率，并填入表中。

5. 某省 30 个煤矿的资料如下：

表 3-9　　某省 30 个煤矿资料

序号	年产量（万吨）	生产工人数（人）	总产值（百万元）	序号	年产量（万吨）	生产工人数（人）	总产值（百万元）
1	125	345	25	16	575	1 140	115

表3-9(续)

序号	年产量（万吨）	生产工人数（人）	总产值（百万元）	序号	年产量（万吨）	生产工人数（人）	总产值（百万元）
2	205	435	41	17	780	1 300	157
3	185	515	37	18	65	230	13
4	250	622	50	19	75	250	15
5	150	417	30	20	80	262	16
6	315	750	63	21	60	245	12
7	280	655	55	22	90	280	18
8	320	815	64	23	790	1 225	159
9	372	925	75	24	840	1 440	163
10	340	878	68	25	920	1 521	185
11	350	759	71	26	950	1 500	190
12	370	840	74	27	1 050	1 624	210
13	160	445	32	28	210	955	42
14	430	832	86	29	200	562	40
15	720	1 200	148	30	600	1 050	180

要求：将表中资料按生产能力（100 万吨以下、100 万~500 万吨、500 万吨以上）分组，以研究煤矿的规模和劳动生产率之间的关系。

表 3-10　煤矿工人劳动生产率统计表

按生产能力分组（万吨）	煤矿数（个）	生产人数（人）	工业总产值（万元）	劳动生产率（万元/人）
合　计				

计算结果表明：____

七、单项训练题

练习要求：阅读资料，按要求进行训练。

（一）资料

某高职学院会计系 2017 级 3 班共有学生 54 人，统计基础期末考试成绩资料如下：

53 92 75 60 80 86 68 76 92 84 42 86 65 72 75 77 94 65
85 81 78 87 76 89 72 78 63 77 52 76 74 78 80 88 75 76
70 68 66 52 87 94 80 68 70 69 96 76 89 36 73 80 72 51

（二）要求

1. 整理资料，编制次数分布表。
2. 编制累计次数（频率）表，并指出其意义。
3. 绘制直方图和茎叶图。

（三）训练

具体步骤：

1. 将 54 名学生的考试成绩从低到高排列。

2. 编制次数分布表：

表 3-11　　　　会计系 2017 级 3 班学生统计基础期末考试情况

考试成绩（分）	学生人数（人）	比重（%）
60 以下		
60～70		
70～80		
80～90		
90～100		
合　计		

3. 编制累计次数（频率）表，并指出其意义。

表 3-12　　会计系 2017 级 3 班学生统计基础期末考试的累计次数及累计频率

考试成绩（分）	人数（人）	比重（%）	向上累计		向下累计	
			人数	比重（%）	人数	比重（%）
60 以下						
60~70						
70~80						
80~90						
90~100						
合　计			—	—	—	—

（1）指出第三组“70~80”向上累计次数及频率的意义。

（2）指出第三组“70~80”向下累计次数及频率的意义。

4. 绘制直方图和茎叶图。

项目四 统计数据分析

一、单项选择题

练习要求：在括号内依次填入所选中各项目的字母，每题只有一个正确答案。

1. 总量指标按反映总体的内容不同，可分为（　　）。
   A. 数量指标和质量指标
   B. 总体单位总量和总体标志总量
   C. 时期指标和时点指标
   D. 实物指标和价值指标

2. 在医院总体中，有医院所数①、医院职工人数②和病床张数③三个指标（　　）。
   A. 都是总体单位总量
   B. ①是总体单位总量，②③是总体标志总量
   C. 都是总体标志总量
   D. ②是总体单位总量，①③是总体标志总量

3. 商品销售额是（　　）。
   A. 时期指标　　B. 时点指标
   C. 实物指标　　D. 相对指标

4. 某企业某月产品销售额为2 000万元，月末库存商品为620万元，这两个总量指标是（　　）。
   A. 时期指标　　B. 时点指标
   C. 前者为时期指标，后者为时点指标　　D. 前者是时点指标，后者是时期指标

5. 下列属于总量指标的是（　　）。
   A. 出勤率　　B. 合格率
   C. 人均产量　　D. 工人人数

6. 某企业2016年完成产值2 000万元，2017年计划增长10%，实际完成产值2 310

万元，则超额完成计划（　　）。

A. 15.5%　　B. 5.5%

C. 115.5%　　D. 5%

7. 某地区职工平均工资为 1 600 元，人均月收入 1 200 元（　　）。

A. 后者是平均指标　　B. 前者是平均指标

C. 两者都是平均指标　　D. 两者都不是平均指标

8. 反映所观察的变量本身在一定条件下，所达到的总体单位总量和总体标志总量是（　　）。

A. 总量指标　　B. 相对指标

C. 平均指标　　D. 标志变异指标

9. 将对比基数抽象化为 1，而计算出来相对指标的形式称为（　　）。

A. 倍数和百分数　　B. 成数和倍数

C. 百分数和平分数　　D. 系数和倍数

10. 在相对指标中，能够用有名数表现相对数值的是（　　）。

A. 结构相对指标　　B. 强度相对指标

C. 比较相对指标　　D. 动态相对指标

11. 若变量数列中各组的标志值不变，而每组次数均增加 10%，则加权算术平均数的值（　　）。

A. 增加 10%　　B. 减少 10%

C. 不变化　　D. 无法判断

12. 变量数列中，当变量值较小，而权数较大时，计算出来的算术平均数（　　）。

A. 接近变量值大的一方　　B. 接近变量值小的一方

C. 迫近中间变量值　　D. 不受权数影响

13. 如果数值中有一变量值为 0，则无法计算（　　）。

A. 调和平均数　　B. 算术平均数

C. 中位数　　D. 众数

14. 有甲、乙两个总体，某一变量值的平均数相等，若标准差甲小于乙，则甲、乙两个平均数的代表性是（　　）。

A. 甲低于乙　　B. 甲高于乙

C. 甲等于乙　　D. 不能确定

15. 要比较两个不同总体，平均水平不同时，平均数的代表性高低，需用（　　）评价。

A. 全距　　B. 方差

C. 标准差　　D. 标准差系数

16. 某企业的利润计划比去年提高 10%，实际提高了 15%，则利润计划完成提高程度为（　　）。

A. 15%÷10%　　B.（15%÷10%）−1

C. 115%÷110%　　D.（115%÷110%）−1

17. 某单位的出勤率是（　　）。

A. 比较相对指标　　B. 比例相对指标

C. 动态相对指标　　D. 结构相对指标

18. 标志变异指标中易受极值影响的是（　　）。

A. 全距　　B. 标准差

C. 方差　　D. 标准差系数

19. 用累计法检查 5 年计划的执行情况适用于（　　）。

A. 规定计划期初应达到的水平

B. 规定计划期内某一时期应达到的水平

C. 规定计划期末应达到的水平

D. 规定 5 年累计应达到的水平

20. 平均指标反映了（　　）。

A. 总体分布的集中趋势　　B. 总体中单体单位的集中趋势

C. 总体分布的离中趋势　　D. 总体变动的趋势

21. 如果次数分布中，各个标志值扩大为原来的 2 倍，各组次数都减小为原来的 1/2，则算术平均数（　　）。

A. 增加到原来的 1 倍　　B. 稳定不变

C. 减少到原来的 1/2　　D. 扩大为原来的 2 倍

22. 甲、乙两个数列比较，甲数列的标准差大于乙数列的标准差，则两个数列平均数的代表性（　　）。

A. 甲数列大于乙数列　　B. 乙数列大于甲数列

C. 相同　　D. 不能确定

23. 若变量数列中各组的标志值不变，而每组的次数均增加 30%，则加权算术平均数的值（　　）。

A. 增加 30　　B. 增加 30%

C. 不变化　　D. 无法判断

24. 若某一变量出现一项为 0 的变量值，则不能计算（　　）。

A. 算术平均数和调和平均数

B. 几何平均数和算术平均数

C. 几何平均数和调和平均数

D. 算术平均数、几何平均数和调和平均数

25. 由组距数列计算算术平均数时，用组中值代表组内变量值的一般水平，有一个假定条件，即（　　）。

A. 各组的次数必须相等　　B. 各组变量值必须相等

C. 各组变量值在本组内呈均匀分布　　D. 各组必须是封闭组

26. 下列属于时期指标的有（　　）。

A. 某地区人口数　　B. 某地区学校数

C. 某产品年产量　　D. 某企业月末在册职工人数

27. 已知某公司所属各企业职工的平均工资和职工人数资料，要计算该公司职工的平均工资，应选择的权数是（　　）。

A. 职工人数　　B. 平均工资

C. 工资总额　　D. 职工人数或工资总额

28. 为了用标准差比较分析两个同类总体平均指标的代表性，其基本的前提条件是（　　）。

A. 两个总体的标准差就相等

B. 两个总体的平均数应相等

C. 两个总体的单位数应相等

D. 两个总体的离差之和应相等

29. 某企业生产三批产品的废品率及废品数资料如下：

表 4-1　某企业生产三批产品的废品率及废品数

产品批号	废品数（件）	废品率（%）
第一批	20	4
第二批	50	5
第三批	30	2

则三批产品的平均废品率为（　　）。

A. 3.67%　　B. 3.33%

C. 5%　　D. 5.33%

30. 上题中三批产品的废品率仍为第一批 4%，第二批 5%，第三批 2%，而第一批产品数量占总数的 25%，第三批产品数量占总数的 40%，则三批产品的平均废品率为（　　）。

A. 5%　　B. 3.67%

C. 3.6%　　D. 无法计算

31. 按统一折算的标准来度量被研究现象数量的一种计量单位是（　　）。

A. 自然单位　　B. 度量衡单位

C. 复合单位　　D. 标准实物单位

32. 某地区本年出生婴儿中，男性占 52.1%，女性占 47.9%，这是（　　）。

A. 结构相对指标　　B. 比例相对指标

C. 比较相对指标　　D. 强度相对指标

33. 某企业 2017 年销售额计划比上年增长 10%，实际增长 14%，其超出计划完成程度为（　　）。

A. 103.6%　　B. 50%

C. 150%　　D. 3.6%

34. 下列各项中，应采用加权算术平均法计算的有（　　）。

A. 已知各企业劳动生产率和各企业产值，求平均劳动生产率

B. 已知计划完成百分比和计划产值，求平均计划完成百分比

C. 已知计划完成百分比和实际产值，求平均计划完成百分比

D. 已知生产同产品各企业的产品单位成本和总成本，求平均单位成本

35. 若两数列的标准差相等而平均数不等，则（　　）。

A. 平均数小代表性大　　B. 平均数大代表性大

C. 代表性也相等　　D. 无法判断

二、多项选择题

练习要求：在括号内依次填入所选中各项目的字母，每题至少有两个正确答案。

1. 下列属于总量指标的是（　　）。

A. 国内生产总值　　B. 产品产值

C. 产品销售额　　D. 企业利税总额

E. 销售利润率

2. 下列属于时期指标的有（　　）。

A. 职工人数　　B. 出生人数

C. 死亡人数　　D. 高等学校招生人数

E. 高等学校毕业人数

3. 下列属于时点指标的有（　　）。

A. 某地区人口数　　B. 某地区人口死亡数

C. 某城市在校学生数　　D. 某工厂月末在册职工人数

E. 某产品年产量

4. 下列属于时期指标的有（　　）。

A. 国内生产总值　　B. 某地区人口死亡数

C. 某企业销售收入　　D. 某农场拖拉机台数

E. 某工厂月末在册职工人数

5. 下列指标中属于强度相对数的有（　　）。

A. 人均国民收入　　B. 人口密度

C. 平均工资　　D. 职工出勤率

E. 人口出生率

6. 统计相对数中，分子和分母可以互换的有（　　）。

A. 比较相对数　　B. 比例相对数

C. 动态相对数　　D. 强度相对数

E. 结构相对数

7. 加权算术平均数等于简单算术平均数的条件为（　　）。

A. 各组次数相等　　B. 各组变量值不等
C. 变量数列为组距数列　　D. 各组次数为 1
E. 各组次数占总次数比重相等

8. 大多数相对数都是无名数，通常以（　　）表示。
A. 百分数　　B. 系数
C. 平均数　　D. 成数
E. 倍数

9. 相对指标的数值表现形式是（　　）。
A. 绝对数　　B. 有名数
C. 无名数　　D. 样本数
E. 平均数

10. 总量指标的计量单位有（　　）。
A. 实物单位　　B. 劳动时间单位
C. 价值单位　　D. 百分比和千分比
E. 倍数、系数和成数

11. 下列统计指标中，属于时点指标的有（　　）。
A. 商品库存额　　B. 商品库存量
C. 商品销售额　　D. 商品销售量
E. 商品销售价格

12. 下列指标中属于强度相对指标的有（　　）。
A. 人均国民收入　　B. 人均钢铁产量
C. 人均粮食产量　　D. 人均生活费支出
E. 职工月平均工资

13. 下列指标中属于结构相对指标是（　　）。
A. 集体所有制企业职工占职工总数的比重
B. 某工业产品产量比上年增长的百分比
C. 大学生占全部学生的比重
D. 某年积累额占国民收入的比重
E. 某年人均消费额

14. 某地区某年年底统计结果显示：该地区共有工业企业 1 680 个，从业人员 60 万，工业总产值 150 亿元元，全员劳动生产率 21 000 元 / 人。资料中出现有（　　）。
A. 平均指标　　B. 相对指标
C. 总量指标　　D. 统计标志
E. 总体标志总量

15. 下列指标属于相对指标的是（　　）。
A. 某地区平均每人生活费 645 元
B. 某地区人口出生率 14. 3‰
C. 某地区粮食总产量 6 000 万吨

D. 某产品产量计划完成程度为 112%

E. 某地区人口自然增长率 7.5‰

16. 加权算术平均数的大小影响的因素有（　　）。

A. 受各组频率或频数的影响

B. 受各组标志值大小的影响

C. 受各组标志值和权数的共同影响

D. 只受各组标志值大小的影响

E. 只受权数大小的影响

17. 几何平均数主要适用于（　　）。

A. 具有等比关系的数列

B. 具有等差关系的数列

C. 变量值连乘积等于总比率的情况

D. 变量值为相对数具有连续性的情况

E. 变量值能求和的情况

18. 简单算术平均数适用于（　　）。

A. 在统计分组后形成的各种分配数列

B. 在若干个变量值情况下

C. 各组次数都相等情况下

D. 各组次数都对称情况下

E. 各组变量值都相等情况下

19. 平均指标是（　　）。

A. 抽象的数值　　B. 抽象了数量差异

C. 一个代表值　　D. 集中趋势

E. 一般水平

20. 中位数是一个（　　）。

A. 代表值

B. 最多的变量值

C. 顺序排列位置在正中间的变量值

D. 有一半变量值比此数大，有一半变量值比此数小的变量值

E. 两个大小不等变量值中间的变量值

21. 在标志变异指标中，其实质含义是平均数的是（　　）。

A. 全距　　B. 方差

C. 极差　　D. 标准差

E. 标准差系数

22. 不同总体的标准差不能简单对比，这是因为（　　）。

A. 平均数不一致　　B. 标准差不一致

C. 计量单位不一致　　D. 总体单位数不一致

E. 离差平方和不一致

23. 标志变异指标是（　　）。

A. 一个代表值　　B. 代表变量值差异状况

C. 代表变量值的一般情况反映数量差异　　D. 反映总体的离中分布

E. 不能反映变量值差异状况

24. 下列超额完成计划的有（　　）。

A. 单位成本计划完成百分数 102.5%

B. 利润计划完成百分数 107%

C. 劳动生产率计划完成百分数 108%

D. 单位成本计划完成百分数 98%

E. 利润计划完成百分数 95%

25. 属于同一总体数值对比的相对指标有（　　）。

A. 计划完成相对指标　　B. 动态相对指标

C. 比例相对数　　D. 比较相对数

E. 强度相对数

26. 几何平均数适合（　　）。

A. 等差数列　　B. 等比数列

C. 标志总量等于各标志值之积　　D. 动态数据

E. 标志总量等于各标志值之和

27. 众数是（　　）。

A. 总体中出现次数最多的变量值

B. 位置平均数

C. 不受极端值的影响

D. 处于数列中点位置的那个标志值

E. 适用于总体次数多，有明显集中趋势的情况

28. 在各种平均指标中，不受极端值影响的平均指标值是（　　）。

A. 算术平均数　　B. 调和平均数

C. 几何平均数　　D. 中位数

E. 众数

29. 标志变异指标中的标准差（　　）。

A. 也称均方差

B. 也称方差

C. 是各变量值对其算术平均数离差平方的平均数的平方根

D. 是各变量值对其算术平均数离差的平均数

E. 是各变量值对其算术平均数离差平方的平均数

30. 平均指标与变异指标结合运用体现在（　　）。

A. 用变异指标说明平均指标代表性大小程度

B. 以变异指标为基础，用平均指标说明经济活动的均衡性

C. 以平均指标为基础，用变异指标说明经济活动的均衡性

D. 以平均指标为基础，用变异指标说明经济活动的节奏性
E. 以平均指标为基础，用变异指标说明总体各单位的离散程度

三、判断题

练习要求：判断为正确的在括号内打“√”，错误的在括号内打“×”。

1. 标志变异指标与平均指标的代表性成正比。（ ）
2. 计划完成相对数的计算结果，大于100%不一定都超额完成计划，小于100%不一定未完成计划。（ ）
3. 中位数和众数数值的大小不受极值影响。（ ）
4. 按人口平均计算的国民收入是一个平均数。（ ）
5. 同一总量指标按其研究目的不同，既可能是时点指标，也可能是时期指标。（ ）
6. “企业职工人数”肯定是一个总体单位总量。（ ）
7. 总体单位总量有可能转化为总体标志总量。（ ）
8. 某企业8月末有生产设备2 850台，是时期指标。（ ）
9. 结构相对指标和比例相对指标，都是反映现象总体内部组成情况的相对指标，因此，说明的问题是一样的，只是表现形式略有差异而已。（ ）
10. 所有相对指标的具体表现形式，都是无名数。（ ）
11. 成都全市人口数，相当于3个左右的西藏自治区人口数，这是比较相对指标。（ ）
12. 总体单位总量和总体标志总量并不是固定不变的，而是随着统计研究目的不同而变化。（ ）
13. 某企业劳动生产率计划在去年的基础上提高8%，计划执行结果仅提高了4%，劳动生产率计划仅完成了一半。（ ）
14. 中位数和众数数值的大小与分配数列的极端值无关。（ ）
15. 同一个总体，时期指标值的大小与时期长短成正比，时点指标值的大小与时点间隔成反比。（ ）
16. 标准差和极差就实质而言属于总量指标。（ ）
17. 算术平均数的大小，只受总体各单位标志值大小的影响。（ ）
18. 当变量值的连乘积等于总比率或总速度时，适合用几何平均数计算平均数。（ ）
19. 标准差系数抽象化了标志变异程度的影响。（ ）
20. 调和平均数是根据标志的倒数计算的，所以其计算结果等于平均数的倒数。（ ）

21. 货币单位是根据事物的自然属性和特点度量其数值的计量单位，反映社会经济现象的使用价值。 （　　）

22. 用总体部分数值与总体全部数值对比求得的相对指标，说明总体内部的组成状况，这个相对指标是比例相对指标。 （　　）

23. 国民收入中积累额与消费额的比例 1∶3 是一个比较相对指标。 （　　）

24. 计划完成程度相对指标大于 100%，则肯定完成计划任务了。 （　　）

25. 水平法的计划是规定计划期累计应完成的工作总量或应达到的总水平。 （　　）

26. 比较两总体的平均数的代表性，标准差系数较小的总体平均数代表性也小。 （　　）

27. 在未分组的偶数项资料中，中位数是无法确定的。 （　　）

28. 众数就是总体中出现最多的次数。 （　　）

29. 如果两个变量数列的标准差相等，则它们的平均数的代表性也一定相同。 （　　）

四、填空题

练习要求：将正确的答案填入空白中。

1. 总量指标按其所反映的内容不同，可分为________和________；按其所反映的时间状况不同，可分为________和________。

2. 某地区某年的 GDP 为 1 250 亿元，从反映总体的时间上看，该指标是________；从反映总体的内容上看，该指标是________。

3. 权数有两种表现形式，即________和________，由此产生了计算加权算术平均数的两种计算公式，即________和________。

4. 中位数是位于数列____位置的标志值，众数是在总体____________的那个标志值。中位数和众数也称为____________。

5. 强度相对指标是两个________而又________现象的总量指标对比的比值。它反映现象的______、________和________。

6. 权数对于算术平均数的大小起着________的作用，算术平均数总是趋向于出现________最多的那个变量值。

7. 几何平均数通常在计算__________和_________时使用。

8. 总体单位总量是指总体中______________。它是用来反映总体______________；总体标志总量是指总体中___________________。

五、问答题

<u>练习要求：</u>简要回答各问题的要点。

1. 举例说明总体单位总量和总体标志值总量的区别。

2. 什么是时期指标和时点指标？二者有何区别？

3. 什么是相对指标？有哪些表现形式？

4. 什么是平均指标？它有什么特点？

5. 什么是强度相对指标？与算术平均数有何区别？

6. 什么是计划完成相对指标？如何评价计划完成情况？

7. 正确运用相对指标应遵循哪些原则？

8. 什么是加权算术平均数？如何理解权数的意义？

9. 什么是标志变异指标？常用的有哪几种？

10. 简要说明平均指标与变异指标在说明同质总体特征方面的联系与区别。

六、计算分析题

练习要求：按各题的要求，计算、填表和进行分析。

1. 某城市 2017 年有零售商网点 6 300 个，平均人口有 310 万人，试分别计算该城市零售商业网密度的正指标和逆指标。

2. 某企业 2017 年总产值的计划任务是 2 200 万元，实际完成了 2 480 万元；生产的甲产品计划成本为 120 元，实际为 110 元。2017 年该企业产值和甲产品单位成本计划完成情况如何？

3. 某企业计划规定 2017 年劳动生产率要比 2016 年提高 5%，实际比上年提高 8%，求劳动生产率计划完成情况；还规定 2017 年可比产品成本要比 2016 年降低 5%，实际比上年降低 6%，求可比产品成本计划完成情况。

4. 某企业 2017 年计划产值比上年增长 20%，实际产值为上年产值的 1.5 倍，计算该企业产值的计划完成程度。

5. 某煤矿规定“十二五”计划期间累计应完成采煤 1 200 万吨，其中在最后 1 年（2015 年）原煤产量达到 300 万吨，实际完成情况如下表资料。

表 4-2　　某煤矿“十二五”期间原煤产量表

日期	第1年	第2年	第3年	第4年				第5年			
				一季度	二季度	三季度	四季度	一季度	二季度	三季度	四季度
采煤量（万吨）	200	230	260	65	65	70	75	75	80	80	85

要求：

（1）用累计法计算该煤矿计划完成情况和提前完成任务时间。

（2）用水平法计算该煤矿计划完成情况和提前完成任务时间。

6. 某农贸市场某种蔬菜早市每千克 1.25 元，中午每千克 1 元，晚市每千克 0.8 元，现在早、中、晚各买 1 元蔬菜和各买 1 千克蔬菜，计算两种情况平均价格。

7. 某企业 2017 年劳动生产情况资料如下表：

表 4-3　　某企业 2017 年劳动生产情况资料

指　标	计划	实际	计划完成程度（%）
产品产量（万件）	500	540	
职工平均工资（元）	920	1100	
劳动生产率提高（%）	8	10	
单位成本降低（%）	3	5	

要求：计算表中各项指标的计划完成情况，并将计算结果填入表中。

8. 2017 年 5 月份某公司员工社保基金缴纳情况如下表：

表 4-4　　2017 年 5 月份某公司员工社保基金缴纳情况

按月缴纳金额分组（元）	组中值（x）	各组员工所占比重（%）（$\frac{f}{\sum f}$）	$x \cdot \frac{f}{\sum f}$
60~70		15	
70~80		40	
80~90		35	
90 以上		10	
合　计		100	

要求：试计算该公司员工的平均社保基金缴纳金额。

9. 有四个地区销售同一种产品，2017 年的销售资料如下：

表 4-5 四个地区同一种产品 2017 年销售资料

地 区	销售量（吨）	销售额（万元）	平均价格（万元）
A	80	160	
B	100	210	
C	60	122	
D	200	380	
合 计	440	872	

要求：计算该产品在各地区的平均价格和总平均价格。

10. 某商场在 2017 年 2 月份销售某种商品的售价和销售额资料如下表：

表 4-6 某商场在 2017 年 2 月份销售某种商品的售价和销售额资料

等 级	单价（元/千克）	销售额（万元）
一级	20	216. 0
二级	16	115. 2
三级	12	72. 0
合 计		

要求：计算该商品的平均销售价格。

11. 某企业400名职工工资资料如下表：

表4-7　　某企业400名职工工资资料

按月工资分组（元）	职工人数（人）	组中值	离差	离差平方
600～800	60			
800～1 000	100			
1 200～1 400	140			
1 400～1 600	60			
1 600以上	40			
合　计	400			

要求：计算该企业职工平均工资、标准差、标准差系数、全距。

七、单项训练题

练习要求：阅读资料，按要求进行训练。

（一）资料

将项目三“统计数据整理”中某高职学院会计系2017级3班学生统计基础期末考试成绩（第39页，资料一）整理资料填入下表：

表 4-8　　会计系 2017 级 3 班学生统计基础期末考试情况

考试成绩（分）	学生人数（人）	比重（%）
60 以下		
60~70		
70~80		
80~90		
90~100		
合　计		

会计系 2017 级 4 班共有 52 名学生，统计基础期末考试平均分数为 78.6 分，考试分数的标准差为 7.2 分。

（二）要求

1. 计算会计系 2017 级 3 班学生统计基础期末考试的平均分数。
2. 计算会计系 2017 级 3 班学生统计基础期末考试的中位数和众数。
3. 比较 3 班和 4 班，哪个班的成绩更好？哪个班平均分数的代表性更大？

（三）训练

1. 计算下表内容，并填入表中。

表 4-9　会计系 2017 级 3 班学生统计基础期末考试分数相关资料计算表

考试分数（分）	学生人数（人）f_i	组中值 x	向上累计	xf	$(x-\bar{x})^2$	$(x-\bar{x})^2 \cdot f_i$
60 以下						
60~70						
70~80						
80~90						
90~100						
合　计						

2. 根据上表资料，计算统计基础期末考试的平均分数。

3. 根据上表资料，计算统计基础期末考试的中位数和众数。

4. 根据上表资料，计算统计基础期末考试的标准差和标准差系数。

5. 两个班的成绩哪个更好？哪个班平均分数的代表性更大？说明应该用什么指标进行比较，为什么？

项目五 时间数列分析

一、单项选择题

练习要求： 在括号内依次填入所选中各项目的字母，每题只有一个正确答案。

1. 时间数列由（　　　）要素构成。

A. 1个　　B. 2个
C. 3个　　D. 4个

2. 时间数列的构成要素是（　　　）。

A. 变量和次数　　B. 时间和指标数值
C. 时间和次数　　D. 主词和宾词

3. 下列数列中，属于时间数列的是（　　　）。

A. 学生按成绩分组形成的数列
B. 企业按地区分组形成的数列
C. 职工按工资水平高低排列形成的数列
D. 出口额按时间先后顺序排列形成的数列

4. 最基本的时间数列是（　　　）。

A. 时点数列　　B. 相对数时间数列
C. 平均数时间数列　　D. 绝对数时间数列

5. 时间数列可以分为（　　　）。

A. 时期数列和时点数列两种
B. 绝对数、相对数和平均数时间数列三种
C. 绝对数和平均数时间数列两种
D. 分配数列和变量数列两种

6. 某商场每月末的商品库存额时间数列是（　　　）。

A. 时期数列　　B. 时点数列
C. 平均数时间数列　　D. 相对数时间数列

7. 时间数列中，不同时间上的指标数值可以相加的是（　　）。

A. 时期数列　　B. 时点数列

C. 平均数动态数列　　D. 相对数动态数列

8. 某现象前期水平为 1 200 万吨，本期水平为 1 500 万吨，则增长 1%的绝对值为（　　）。

A. 3 万吨　　B. 15 万吨

C. 12 万吨　　D. 25 万吨

9. 2011—2015 年某地区的人均国内生产总值时间数列是（　　）。

A. 时点数列　　B. 时期数列

C. 相对数时间数列　　D. 平均数时间数列

10. 由间隔不等的时点数列计算序时平均数，用以加权的权数为（　　）。

A. 时期长度　　B. 时点长度

C. 时点间隔长度　　D. 指标值项数

11. 序时平均数计算中，“首末折半法”运用于（　　）。

A. 时期数列资料　　B. 相对数时间数列资料

C. 间隔相等的间断时点数列资料　　D. 间隔不等的时点数列资料

12. 说明现象在较长时期内发展的总速度是（　　）。

A. 环比发展速度　　B. 平均发展速度

C. 定基增长速度　　D. 定基发展速度

13. 增长 1%的绝对值是（　　）。

A. 本期水平除以 100　　B. 累计增长量除以 100

C. 逐期增长量除以 100　　D. 上期水平除以 100

14. 假定某地区 GDP 在 2015 年比 1990 年增长了 19.25 倍，那么 1990—2015 年的平均增长速度为（　　）。

A. $\sqrt[25]{19.25}-1$　　B. $\sqrt[25]{20.25}-1$

C. $\sqrt[25]{19.25-1}$　　D. $\sqrt[25]{20.25-1}$

15. 某企业生产某种产品，其产量每年增加 5 万吨，则该产量的环比增长速度（　　）。

A. 年年下降　　B. 年年增长

C. 保持不变　　D. 无法确定

16. 某产品单位成本 2017 年比 2016 年下降 5%，2016 年比 2015 年下降 8%，则 2017 年比 2015 年下降（　　）。

A. 7%×8%　　B. 1-（95%×92%）

C. （95%+92%）-1　　D. （105%+108%）-1

17. 由历年人均国内生产总值构成的时间数列属于（　　）。

A. 时期数列　　B. 时点数列

C. 平均数动态数列　　D. 相对数动态数列

18. 根据时期数列计算序时平均数应采用（　　）。

A. 几何平均法　　B. 加权算术平均法

C. 简单算术平均法　　D. 首末折半法

19. 某单位 2017 年 6 月 1 日在册职工人数为 319 人，6 月 6 日调出 19 人，6 月 21 日录用 15 人。则该单位 6 月份平均在册职工人数为（　　）。

A. 308 人　　B. 310 人

C. 315 人　　D. 317 人

20. 某校学生 2014 年、2015 年、2016 年、2017 年 4 年的招生人数的环比增长速度分别为 10%、20%、20%、10%。如以 2013 年为基期，则 2017 年的定基增长速度为（　　）。

A. 74.24%　　B. 58.4%

C. 50%　　D. 0.4%

21. 平均发展速度是（　　）。

A. 定基发展速度的算术平均数　　B. 环比发展速度的算术平均数

C. 环比发展速度的几何平均数　　D. 增长速度加上 100%

22. 用方程法计算平均发展速度的目的在于考察（　　）。

A. 最末水平　　B. 最初水平

C. 各期发展水平的总和　　D. 各期环比发展速度的总和

23. 时期数列的每一项指标数值（　　）。

A. 无须连续统计　　B. 不能相加

C. 与时期长短无直接关系　　D. 可以相加

24. 若要观察现象在某一段时期内变动的基本趋势，需测定现象的（　　）。

A. 季节变动　　B. 循环变动

C. 长期趋势　　D. 不规则变动

25. 若无季节变动，则季节指数（　　）。

A. 等于 0　　B. 等于 1

C. 小于 1　　D. 大于 1

26. 当动态数列的各期环比发展速度大体相同时，应配合（　　）方程进行长期趋势预测。

A. 直线　　B. 二次曲线

C. 指数曲线　　D. 修正指数曲线

27. 由间隔相等的间断时点数列计算序时平均数的公式是（　　）。

A. $\bar{a} = \dfrac{\sum a}{n}$

B. $\bar{a} = \dfrac{\sum af}{\sum f}$

C. $\bar{a}=\dfrac{\dfrac{a_1}{2}+a_2+a_3+\cdots+\dfrac{a_n}{2}}{n-1}$

D. $\bar{a}=\dfrac{\dfrac{a_1+a_2}{2}\times f_1+\dfrac{a_2+a_3}{2}\times f_2+\cdots+\dfrac{a_{n-1}+a_n}{2}\times f_{n-1}}{\sum_{i=1}^{n-1} f_i}$

28. 由相对数或平均数时间数列计算序时平均数的基本公式是（　　）。

A. $\bar{c}=\dfrac{\sum a}{\sum b}$　　B. $\bar{c}=\dfrac{\bar{a}}{\bar{b}}$

C. $\bar{c}=\dfrac{\sum c}{n}$　　D. $\bar{c}=\dfrac{\sum bc}{\sum b}$

29. 增长1%的绝对值是（　　）。

A. 逐期增长量与环比增长速度之比乘以1%

B. 逐期增长量与定基增长速度之比

C. 增长量与平均增长速度之比

D. 前期水平除以100%

30. 已知某企业9月、10月、11月、12月的平均在职人数分别为180人、200人、190人、195人，则该企业第四季度平均在职人数的计算方法为（　　）。

A.（200 + 190 + 195）÷3　　B.（180 + 200 + 190 + 195）÷4

C. $\dfrac{180+200}{2}+\dfrac{200+190}{2}+\dfrac{190+195}{2}$　　D. $\left(\dfrac{180}{2}+200+190+\dfrac{195}{2}\right)\div 3$

31. 已知环比增长速度为6.12%、7.25%、5.80%、8.92%，则定基增长速度为（　　）。

A. 6.12%×7.25%×5.80%×8.92%

B.（6.12%×7.25%×5.80%×8.92%）－100%

C. 106.12%×107.25%×105.80%×108.92%

D.（106.12%×107.25%×105.80%×108.92%）－100%

32. 某地区连续5年的经济增长率分别为9%、7.8%、8.6%、10.4%和10.5%，则该地区经济的年平均增长率为（　　）。

A. $\sqrt[5]{1.09\times1.078\times1.086\times1.104\times1.105\%}-1$

B. $\sqrt[5]{1.09\times1.078\times1.086\times1.104\times1.105\%}$

C. $\sqrt[5]{0.09\times0.078\times0.086\times0.104\times0.105\%}$

D.（9%+7.8%+8.6%+10.4%+10.5%）÷5

二、多项选择题

<u>练习要求：</u>在括号内依次填入所选中各项目的字母，每题至少有两个正确答案。

1. 下列数列中属于时期数列的是（　　　）。
   A. 我国近几年的耕地总面积　　B. 我国历年新增人口数
   C. 近几年社会商品零售总额　　D. 我国历年图书出版量
   E. 某地区国有企业历年资金利用率
2. 构成时间数列的基本要素是（　　　）。
   A. 现象所属的时间　　B. 标志
   C. 次数　　D. 指标名称
   E. 反映客观现象的统计指标数值
3. 下列属于时期数列的有（　　　）。
   A. 逐年的人口自然增长率　　B. 逐年的人口死亡率
   C. 逐年的人口出生率　　D. 逐年的人口出生数
   E. 逐年的人口死亡数
4. 某地区历年国民生产总值的数列是（　　　）。
   A. 时间数列　　B. 绝对数时间数列
   C. 相对数时间数列　　D. 时期数列
   E. 平均数列
5. 将不同时间的发展水平加以平均而得到的平均数称为（　　　）。
   A. 平均发展水平　　B. 序时平均数
   C. 一般平均数　　D. 静态平均数
   E. 动态平均数
6. 下列时间数列中，各项指标数值不能相加的有（　　　）。
   A. 绝对数时间数列　　B. 相对数时间数列
   C. 平均数时间数列　　D. 时期数列
   E. 时点数列
7. 影响时间数列发展水平变化的因素主要有（　　　）。
   A. 长期趋势　　B. 循环变动
   C. 季节变动　　D. 季节比率
   E. 不规则变动
8. 定基增长速度可通过（　　　）求得。
   A. 定基发展速度-1　　B. 环比增长速度连乘积-1

C. 环比发展速度连乘积-1　　D. 累计增长量除以最初水平
E. 逐期增长量除以前期水平

9. 下列数列属于由两个时期数列对比构成的相对数或平均数时间数列的是（　　）。
A. 工业企业全员劳动生产率时间数列
B. 百元产值利润率时间数列
C. 产品产量计划完成程度时间数列
D. 某单位人员构成时间数列
E. 各种商品销售额所占比重时间数列

10. 编制动态数列应遵循的原则有（　　）。
A. 时期长短应该相等　　B. 总体范围应该一致
C. 指标经济内容一致　　D. 各指标只能是绝对数
E. 指标的计算方法应该一致

11. 下列属于序时平均数的是（　　）。
A. 一季度平均每月的职工人数
B. 某产品产量某年各月的平均增长量
C. 某企业职工第4季度人均产值
D. 某商场职工某年月平均人均销售额
E. 某地区近几年出口商品贸易额平均增长速度

12. 累积增长量与逐期增长量（　　）。
A. 前者基期水平不变，后者基期水平总在变动
B. 二者存在关系式：逐期增长量之和=累积增长量
C. 相邻的两个逐期增长量之差等于相应的累积增长量
D. 根据这两个增长量都可以计算较长时期内的平均每期增长量
E. 这两个增长量都属于速度分析指标

13. 定基发展速度与环比发展速度的关系是（　　）。
A. 两者都属于速度指标
B. 环比发展速度的连乘积等于定基发展速度
C. 定基发展速度的连乘积等于环比发展速度
D. 相邻两个定基发展速度之商等于相应的环比发展速度
E. 相邻两个环比发展速度之商等于相应的定基发展速度

14. 下面现象侧重于用几何平均法计算平均发展速度的是（　　）。
A. 基本建设投资额　　B. 商品销售量
C. 垦荒造林数量　　D. 居民消费支出状况
E. 产品产量

15. 计算平均发展速度的方法有（　　）。
A. 算数平均法　　B. 几何平均法
C. 方程式法　　D. 调和平均法

E. 加权平均法

16. 已知各时期的环比发展速度，便能计算（　　）。

A. 平均发展速度　　B. 平均发展水平

C. 各期定基发展速度　　D. 各期逐期增长量

E. 累计增长量

17. 增长1%的绝对值（　　）。

A. 等于前期水平除以100

B. 等于逐期增长量除以环比增长速度

C. 等于逐期增长量除以环比发展速度

D. 表示增加一个百分点所增加的绝对量

E. 表示增加一个百分点所增加的相对量

18. 已知一个时间数列的累计增长量、时期数及最末时期的定基发展速度，便可求（　　）。

A. 平均增长量　　B. 最初水平

C. 最末水平　　D. 各期环比发展速度

E. 平均发展速度

19. 发展水平指标（　　）。

A. 是现象在各个时间上达到的规模或水平

B. 泛指时间数列中的各项指标数值

C. 可以是绝对数，也可以是相对数或平均数

D. 只能是总量指标

E. 一般用“发展到”、“增长到”、“降低到”等字眼表示

20. 由绝对数时间数列计算序时平均数的公式有（　　）。

A. $\bar{a}=\frac{\sum a}{n}$

B. $\bar{a}=\frac{\sum af}{\sum f}$

C. $\bar{a}=\frac{\frac{a_1}{2}+a_2+a_3+\cdots+\frac{a_n}{2}}{n-1}$

D. $\bar{a}=\frac{\frac{a_1+a_2}{2}\times f_1+\frac{a_2+a_3}{2}\times f_2+\cdots+\frac{a_{n-1}+a_n}{2}\times f_{n-1}}{\sum_{i=1}^{n-1} f_i}$

E. $\bar{a}=\frac{\sum bc}{\sum b}$

21. 下列等式中，正确的有（　　）。

A. 增长速度=发展速度-1

B. 环比发展速度=环比增长速度-1

C. 定基发展速度=定基增长速度+1

D. 平均发展速度=平均增长速度-1

E. 平均增长速度=平均发展速度-1

22. 某企业 2007 年的利润为 500 万元，2017 年为 1 000 万元，则 2007 年的利润比 1998 年（　　）。

A. 增长了 50%　　B. 增长了 100%

C. 增长了 500 万元　　D. 翻了一番

E. 翻了两番

23. 平均发展速度是（　　）。

A. 环比发展速度的几何平均数

B. 定基发展速度的几何平均数

C. 各个环比发展速度的代表值

D. 各个定基发展速度的代表值

E. 环比发展速度的算术平均数

24. 定基增长速度可通过多种途径求得（　　）。

A. 定基发展速度-100%

B. 环比增长速度连乘积减去 100%

C. 平均发展水平除以最初水平再减去 100%

D. 累计增长量除以最初发展水平

E. 平均增长量除以最初发展水平再乘以环比增长量个数

25. 测定长期趋势的方法有（　　）。

A. 时距扩大法　　B. 按月（季）平均法

C. 最小平方法　　D. 移动平均法

E. 趋势剔除法

三、判断题

练习要求： 判断为正确的在括号内打“√”，错误的在括号内打“×”。

1. 将总体系列不同的综合指标排列起来，就构成时间数列。（　　）
2. 时间数列是变量数列的一种。（　　）
3. 发展水平可以是总量指标，也可以是相对指标或平均指标。（　　）
4. 在各种时间数列中，指标值的大小都受到指标所反映的时期长短的制约。（　　）
5. 若将 2011—2015 年末国有企业固定资产净值按时间先后顺序排列，此种时间数列

称为时点数列。（　　）

6. 逐期增长量等于两个相邻的累计增长量之差。（　　）

7. 逐期增长量之和等于累计增长量，因此累计增长量必大于各期的逐期增长量。（　　）

8. 定基增长速度等于相应各个环比增长速度的连乘积。（　　）

9. 平均增长速度是各项环比增长速度的序时平均数，因此，它等于 n 个环比增长速度连乘积的 n 次方根。（　　）

10. 发展水平是时间数列中的各项具体指标数值，它只能表现为总量指标数值。（　　）

11. 由相对数时间数列计算平均发展水平必须先计算构成相对数时间数列的分子数列和分母数列的平均发展水平，再将两者对比求得。（　　）

12. 定基发展速度和环比发展速度之间的关系是两个相邻时期的定基发展速度之积等于相应的环比发展速度。（　　）

13. 水平法平均发展速度的大小，与中间各期水平的大小无关。（　　）

14. 累计法平均发展速度的大小，取决于各期发展水平总和的大小。（　　）

15. 季节比率是若干年同月（季）平均数与若干年总月（季）平均数之比。（　　）

16. 时间数列中各期发展水平的算术和就是该现象在该时期内发展水平的总量。（　　）

17. 环比发展速度和定基发展速度是按对比的基期不同来划分的。（　　）

18. 某期的环比发展速度等于该期的定基发展速度除以前一期的定基发展速度。（　　）

19. 若某现象的时间数列共有 n 项，用水平法计算该时期平均发展速度时应开 $n-1$ 次方。（　　）

20. 增长1%的绝对值表示的是：速度指标增长1%而增加的水平值。（　　）

21. 根据月度时间数列资料，各月比率之和应为1 200%。（　　）

22. 季节变动指的就是现象受自然因素的影响而发生的一种有规律的变动。（　　）

33. 利用移动平均法求趋势值时，移动项数越多则所得结果越可靠。（　　）

24. 某一时间数列的资料，采用5项移动平均，则首尾各缺少4项趋势值。（　　）

25. 各季的季节指数之和等于1 200%。（　　）

四、填空题

练习要求：将正确的答案填入空白中。

1. 动态数列由两个基本要素组成：一个是现象所属的________；另一个是各时间上

的 __________ 。

2. 编制动态数列应遵守的基本原则是__________。

3. 时间数列按其数列中统计指标的表现形式不同可分为：______时间数列、______时间数列和______时间数列三种。其中，______时间数列是基本数列。

4. 序时平均数是根据________计算，将现象在____________差异抽象化，从动态上反映现象的一般水平；一般平均数是根据________计算，将某一数量特征在____________差异抽象化，从静态上反映现象的一般水平。

5. 由间断时点数列计算序时平均数，假定现象在相邻两个时点之间的变动是________。

6. 增长量是________与________之差。由于基期的不同增长量可分为______增长量和______增长量，二者的关系是：______________________________________。

7. 发展速度是用________与________进行对比所得到的____相对数。它用来反映社会经济现象______________。

8. 平均发展速度是对各期________速度求平均的结果，它也是一种________平均数。

9. 已知某产品产量 2017 年与 2016 年相比增长了 5%，2017 年与 2015 年相比增长了 12%，则 2016 年与 2015 年相比增长了______。

10. 间隔相等的间断时点数列计算平均发展水平的方法是____________。

11. 使现象在一段较长的时间内沿着一个方向，逐渐向上或向下变动的趋势称为____趋势；使现象发生周期比较长的涨落起伏的变动称为__________变动。

12. 测定长期趋势的常用方法是：________、________和________。

13. 对某一时间数列进行 4 项移动平均，所得趋势值个数将比原数列项数少____项。

14. 影响时间数列变化的基本因素有________、________、________和________。

15. 季节指数各月平均为______，全年有 12 个月，则合计为______。以大于 100%称为经营活动的______，小于 100%称为经营活动的______。

五、问答题

练习要求： 简要回答各问题的要点。

1. 什么是时间数列？它有什么作用？

2. 简述编制时间数列应注意的问题。

3. 时间数列分为几类？时期数列和时点数列有何区别？

4. 什么是增长量？有哪几种？它们之间有什么关系？

5. 什么是发展速度？有哪几种？它们之间有什么关系？

6. 什么是序时平均数？与一般平均数有何相同和不同点？

7. 怎样计算相对数或平均数时间数列的序时平均数？

8. 影响时间数列变动的因素有哪些？

9. 什么是移动平均法？

10. 什么是季节比率？季节变动分析的步骤是什么？

六、计算分析题

练习要求：按各题的要求，计算、填表和进行分析。

1. 某企业某种产品 2017 年各月产量如下表：

表 5-1　某企业某种产品 2017 年各月产量

月　份	产量（台）	月　份	产量（台）
1	2 200	7	2 800
2	2 400	8	2 900
3	2 400	9	3 000
4	2 500	10	3 100
5	2 600	11	3 400
6	2 700	12	3 500

要求：计算各季平均每月产量和全年平均每月产量

2. 某单位 2017 年上半年工人情况如下表：

表 5-2　某单位 2017 年上半年工人情况

指　标	1 月	2 月	3 月	4 月	5 月	6 月	7 月
月初工人数（人）	400	380	420	426			
月平均人数（人）				431	438	450	452

要求：（1）计算填列表中所缺数字。

（2）计算 1 季度、2 季度、上半年月平均人数。

3. 某企业 2017 年第一季度职工人数如下表：

表 5-3　　某企业 2017 年第一季度职工人数表

日　期	1 月 1 日	2 月 1 日	3 月 1 日	4 月 1 日
职工人数（人）	700	720	750	800

要求：计算该企业 2017 年第一季度平均职工人数。

4. 某企业 2017 年钢材库存量如下表：

表 5-4　　某企业 2017 年钢材库存量

日　期	1 月 1 日	3 月 1 日	7 月 1 日	8 月 1 日	11 月 1 日	12 月 31 日
钢材库存量（吨）	20	25	28	28	30	34

要求：计算该企业 2017 年平均钢材库存量。

5. 某企业 2017 年计划完成情况如下表：

5-5　　某企业 2017 年计划完成情况

指　标	1 季度	2 季度	3 季度	4 季度
计划完成程度（%）	108	120	125	105
计划产值（万元）	50	65	80	80

试计算全年平均计划完成程度。

6. 某企业 2017 年有关资料如下表：

表 5-6　　某企业 2017 年有关资料表

指　标	1 月	2 月	3 月	4 月
总产值（万元）	200	220	260	280
月初工人人数（人）	520	490	530	500

要求计算：

（1）该企业第一季度的平均工人人数。

（2）该企业第一季度平均劳动生产率。

（3）该企业第一季度劳动生产率。

7. 某企业职工情况如下表资料：

表 5-7　　某企业职工情况表

指　标	1 月初	4 月末	7 月初	年末
职工人数（人）	2 000	2 040	2 080	2 100
其中：管理人员（人）	140	150	154	160

计算该企业管理人员占职工的平均比重。

8. 某企业 2017 年产值资料如下表：

表 5-8　　某企业 2017 年产值资料

年　份	2013 年	2014 年	2015 年	2016 年	2017 年
产值（万元）	100				
逐期增长量（万元）		32	18		
环比发展速度（%）					
环比增长速度（%）				8	5
增长 1%的绝对值（万元）					

要求：

（1）计算并填充表中空格数字。

（2）计算 2013—2017 年的平均发展水平、平均增长量和平均增长速度。

9. 某地区 2010 年年底人口数为 1 500 万人，假定以后每年以 8‰的增长率增长，又假定该地区 2010 年粮食产量 50 亿千克，要求到“十二五”的最后一年（2015 年）平均每人粮食产量达到 420 千克，计算该地区 2015 年粮食产量。粮食产量每年平均增长速度是多少？

10. 某地区 GDP 逐年增加，其发展从 2008—2017 年可分为三个阶段：2008—2011 年每年以 9%的速度增长；2011—2014 年每增长速度为 8%；2014—2017 年每年增长速度为 10%。计算该地区 2003—2017 年 GDP 的平均增长速度。

11. 某地区 2003—2017 年粮食产量如下表：

表 5-9　　某地区历年粮食产量移动平均计算表　　单位：万吨

年份	产量	$K=3$	$K=4$		$K=5$
			一次平均	移正平均	
2003	320				
2004	342				
2005	336				
2006	362				
2007	380				
2008	378				
2009	396				
2010	422				
2011	420				
2012	450				
2013	480				
2014	462				
2015	500				
2016	490				
2017	510				

要求：用三项、四项和五项移动平均法对原时间数列进行长期趋势修匀分析。
（将计算内容填入表内，并说明该地区粮食产量的长期趋势。）

12. 某水果批发市场果品销售资料如下表：

表 5-10　　某水果批发市场果品销售资料　　单位：吨

顺序	年份	一季度	二季度	三季度	四季度	合计	季平均数
1	2013	82	78	102	110		
2	2014	112	90	120	125		
3	2015	130	100	138	140		
4	2016	142	118	150	160		
5	合计						
6	同季平均						
7	季节比率（%）						

要求：

（1）按平均数季节指数法的步骤计算季节比率并填入表中。

（2）假定 2017 年一季度销售额为 155 吨，二季度销售 128 吨，试预测 2017 年第三季度果品的销售量。

七、单项训练题

练习要求：阅读资料，按要求进行训练。

（一）资料

某企业2011—2017年销售资料如下表：

表5-11　　　　某企业2006—2017年销售资料

年　份	2011	2012	2013	2014	2015	2016	2017
产品销售额（万元）	452	575	694	829	1 011	1 150	1 247
逐期增长量（万元）	—	123	119	135	182	139	97

从表中可以看出，该公司的逐期增长量除2015年、2017年以外，其他年份大体相等。因此，可以拟合一条趋势直线进行分析。

（二）要求

1. 绘制散点图，观察销售额的变化趋势。
2. 计算 a、b 参数，拟合直线方程。
3. 预测公司2014年、2015年的销售额。

（三）训练

1. 以时间顺序为横坐标（t），按2011年、2012年、2013年……2017年，分别为时间顺序1，2，…，7；以产量为纵坐标（y），绘出散点图，观察销售额的变化趋势。

2. 以上表资料列出计算表：

表 5-12　　计算结果表

t	y	ty	t^2	y_c
0				
1				
2				
3				
4				
5				
6				

可以得到以下数据：n，$\sum y$，$\sum t$，$\sum ty$，$\sum t^2$，代入 a、b 参数公式，则可确定直线方程。

3. 预测公司 2018 年、2019 年的销售额。

项目六 统计指数应用

一、单项选择题

练习要求：在括号内依次填入所选中各项目的字母，每题只有一个正确答案。

1. 统计指数是表明复杂社会经济现象综合变动的（　　　）。

A. 绝对数　　B. 相对数

C. 平均数　　D. 绝对值

2. 反映社会经济现象总规模和水平变动的统计指数是（　　　）。

A. 质量指标指数　　B. 数量指标指数

C. 可变构成指数　　D. 结构影响指数

3. 在一般情况下，商品销售量指数和工资水平指数的同度量因素分别为（　　　）。

A. 商品销售量、平均工资水平　　B. 单位商品销售价格、职工人数

C. 单位商品销售价格、平均工资水平　　D. 商品销售量、职工人数

4. 统计指数分为个体指数和总指数的条件是（　　　）。

A. 计算是否加权　　B. 指数化指标是否相同

C. 包括的范围是否相同　　D. 同度量因素是否相同

5. 掌握某企业基期生产费用和个体产量指数时，应采用（　　　）的方法来计算产量总指数。

A. 调和平均数指数　　B. 算术平均数指数

C. 综合指数　　D. 固定权数算术平均数指数

6. 产品产量增长 5%，单位成本减少 5%，则总成本（　　　）。

A. 下降 0.25%　　B. 上升 5%

C. 下降 5%　　D. 上升 0.25

7. 下列指数中，属于质量指标指数的是（　　　）。

A. 产量指数　　B. 商品销售量指数

C. 职工人数指数　　D. 劳动生产率指数

8. 同样多的钱比原来少买5%的商品，则价格指数为（　　）。

A. 95%　　B. 105%

C. 95.23%　　D. 105.26%

9. 综合指数是总指数的（　　）。

A. 唯一形式　　B. 变通形式

C. 基本形式　　D. 简单汇总

10. 编制价格指数，一般是用（　　）。

A. 基期价格作同度量因素　　B. 报告期价格作同度量因素

C. 报告期销售量作同度量因素　　D. 基期销售量作同度量因素

11. 下列指数中，属于质量指标指数的是（　　）。

A. 销售额指数　　B. 销售量指数

C. 价格指数　　D. 工人人数指数

12. 某公司所属三个企业生产同一产品，要反映该公司所属三个企业产品产量报告期比基期的变动情况，那么，三个企业的产品产量（　　）。

A. 能够直接加总

B. 必须用不变价格作同度量因素才能加总

C. 不能直接加总

D. 必须用现行价格作同度量因素才能加总

13. 如果用 p 表示商品价格，用 q 表示商品销售量，则公式 $\frac{\sum q_1 p_0}{\sum q_0 p_0}$（　　）。

A. 综合反映多种商品销售量的变动程度

B. 综合反映商品价格和商品销售量的变动

C. 全面反映商品销售额的变动

D. 反映由于商品销售量的变动对价格变动的影响程度

14. 若销售量增长5%，价格增长2%，则商品销售额增长（　　）。

A. 7%　　B. 10%

C. 7.1%　　D. 15%

15. 某厂职工工资总额，今年比去年减少了2%，平均工资上升了5%，则职工人数（　　）。

A. 减少3%　　B. 增加7%

C. 增加10%　　D. 减少6.7%

16. 某市2016年社会商品零售额为12 000万元，2017年增加到15 600万元，零售物价提高4%，则销售量指数为（　　）。

A. 130%　　B. 125%

C. 126%　　D. 26%

17. 商品价值提高后，现在的100元只相当于原来的90元，则价格指数是（　　）。

A. 10%　　B. 110%

C. 90%　　D. 111%

18. 如果居民在维持基期生活水准的情况下，按报告期购买商品多支出 20 元，基期商品销售额为 400 元，则价格指数为（　　）。

A. 95%　　B. 110%

C. 90%　　D. 105%

19. 某地区工业总产值 2017 年与 2016 年相比为 110%，同期价格水平提高了 3%，则该地区工业生产指数为（　　）。

A. 107%　　B. 13%

C. 10%　　D. 106.8%

20. 商品销售额的实际增加额为 400 元，由于销售量增长使销售额增加 410 元，由于价格（　　）。

A. 增长使销售额增加　　B. 增长使销售额增加 205 元

C. 降低使销售额减少 10 元　　D. 降低使销售额减少 205 元

21. 当我们研究各技术工人工资的变动影响全体工人平均工资的变动程度时，应计算（　　）。

A. 结构影响指数　　B. 可变构成指数

C. 固定构成指数　　D. 数量指标指数

22. 假定知道两个企业本期和基期某产品的单位成本和产量资料，要计算总平均成本的变动，应采取（　　）。

A. 可变构成指数　　B. 综合指数

C. 个体指数　　D. 算术平均指数

23. 用综合指数计算总指数主要问题是（　　）。

A. 选择同度量因素

B. 同度量因素时期的确定

C. 同度量因素选择和时期的确定

D. 个体指数和权数的选择

24. 用统计指数进行因素分析的条件是（　　）。

A. 利用指数体系　　B. 编制指数数例

C. 计算总指数　　D. 选择同度量因素

25. 统计指数按其反映对象范围的不同，可以分为（　　）。

A. 个体指数和总指数　　B. 简单指数与加权指数

C. 动态指数和静态指数　　D. 数量指数和质量指数

26. 反映个别现象数量变动的相对数是（　　）。

A. 个体指数　　B. 综合指数

C. 总指数　　D. 定基指数

27. 数量指标指数和质量指标指数的划分依据是（　　）。

A. 指数化指标的性质不同　　B. 所反映的对象范围不同

C．编制指数的任务不同　　D．所比较的现象特征不同

28．总指数有两种计算形式，即（　　）。

A．个体指数和综合指数

B．综合指数和平均指数

C．算术平均数指数和调和平均数指数

D．综合指数和平均指标指数

29．已知某工厂生产三种产品，在掌握其基期、报告期生产费用和个体产量指数时，编制三种产品产量总指数应采用（　　）。

A．加权调和平均数指数　　B．加权算术平均数指数

C．数量指标综合指数　　D．固定加权算术平均数指数

30．某企业两个车间生产同一种产品，今年一季度同上年一季度相比较，由于两个分厂单位产品成本降低使企业的总平均成本下降5%，由于产品结构变化使公司总平均成本提高10%。则该公司总平均成本增减变动百分比为（　　）。

A．4.5%　　B．−13.6%

C．15%　　D．−4.5%

二、多项选择题

练习要求：在括号内依次填入所选中各项目的字母，每题至少有两个正确答案。

1．下列属于质量指标指数的有（　　）。

A．销售量指数　　B．价格指数

C．单位成本指数　　D．劳动生产率指数

E．人均收入指数

2．下列属于数量指标指数的有（　　）。

A．产量指数　　B．播种面积指数

C．单位成本指数　　D．职工人数指数

E．物价指数

3．有四个乡的小麦播种面积报告期为基期的120%，这个指标是（　　）。

A．个体指标　　B．数量指标指数

C．质量指标指数　　D．动态指数

E．静态指数

4．某商场全部商品的销售量为上年度的120%，这是（　　）。

A．总指数　　B．综合指数

C．数量指标指数　　D．质量指标指数

E. 个体指数

5. 某地区某年度零售物价指数为105%，这是（　　）。

A. 个体指标　　B. 总指数
C. 数量指标指数　　D. 质量指标指数
E. 综合指数

6. 在计算综合指数时，同度量因素起到（　　）。

A. 同度量作用　　B. 权数作用
C. 平衡作用　　D. 协调作用
E. 替代作用

7. 三种商品的价格指数为105%，其绝对影响800元，则结果表明（　　）。

A. 三种商品的价格综合上涨了5%
B. 由于价格上涨使销售额增长了5%
C. 由于价格上涨使居民（购买者）多支出800元
D. 由于价格上涨使商场多收入800元
E. 其多种商品价格增加了800元

8. 综合指数是（　　）。

A. 编制总指数的基本形式
B. 编制总指数的唯一形式
C. 以个体指数为基础编制
D. 由两个总量指标对比而形成的指数
E. 基本公式有数量指标指数公式和质量指标指数公式

9. 根据三种产品基期和报告期的生产费用和产品单位成本的个体指数资料编制的三种产品成本指数属于（　　）。

A. 总指数　　B. 综合指数
C. 平均指数　　D. 固定构成指数
E. 调和平均数指数

10. 若有某企业职工人数和劳动生产率的分组资料来进行分析时，该企业总的劳动生产率的变动主要受到（　　）。

A. 企业全部职工人数变动的影响
B. 企业劳动生产率变动的影响
C. 企业各类职工人数在全部职工人数中所占的比重的变动影响
D. 企业各类工人劳动生产率的变动影响
E. 受各组职工人数和相应劳动生产率两因素的影响

11. 综合指数的作用是（　　）。

A. 综合反映现象的变动方向
B. 综合反映现象的变动程度
C. 分析现象总变动中各因素影响的方向和程度
D. 解决复杂社会经济现象不能直接相加对比的问题

E. 反映现象在长时间内变动的趋势

12. 下列指数中，属于狭义指数的有（　　）。

A. 多种产品的销售量指数　　B. 多种产品的销售额指数

C. 多种产品的产量指数　　D. 多种产品的单位成本指数

E. 多种产品的价格指数

13. 某商店第四季度全部商品的销售量为第三季度的98%，这个相对数是（　　）。

A. 总指数　　B. 季节指数

C. 数量指标指数　　D. 质量指标指数

E. 动态指数

14. 对某商店某时期商品销售额的变动情况进行分析，其指数体系包括（　　）。

A. 销售量指数　　B. 销售价格指数

C. 总平均价格指数　　D. 销售额指数

E. 个体指数

15. 平均指数（　　）。

A. 是个体指数的加权平均数

B. 是计算总指数的一种形式

C. 计算方法是先综合后对比

D. 资料选择时，既可用全面资料，也可用非全面资料

E. 可作为综合指数的变形形式来使用

16. 下面反映平均指标变动的指数是（　　）。

A. 总指数　　B. 个体指数

C. 可变构成指数　　D. 固定构成指数

E. 结构影响指数

17. 某地区工业企业的劳动生产率指数为132%，这是（　　）。

A. 个体指数　　B. 总指数

C. 数量指标指数　　D. 质量指标指数

E. 综合指数

18. 某企业本年度的总成本为12.9万元，比去年增加0.9万元，单位成本综合降低3%，则（　　）。

A. 产品总成本指数为107.5%

B. 产量指数为110.8%

C. 由于产量变动而增加的总成本为1.3万元

D. 由于产量变动而增加的总成本为0.9万元

E. 由于单位成本降低而减少总成本0.4万元

19. 若以q表示出口数量，p表示出口价格，则（　　）。

A. $\frac{\sum q_1p_1}{\sum q_0p_0}$表示出口额的相对变动程度

B. $\frac{\sum q_1p_0}{\sum q_0p_0}$ 表示出口量的相对变动程度

C. $\frac{\sum q_1p_0}{\sum q_0p_0}$ 表示出口额的相对变动程度

D. $\sum q_1p_0 - \sum q_0p_0$ 表示出口量的绝对变动量

E. $\sum q_1p_0 - \sum q_0p_0$ 表示由于出口量的变动而使出口额变动的绝对量

20. 居民消费价格指数与零售价格指数在编制上的区别有（　　）。

A. 基期不同　　B. 指数种类不同

C. 编制的角度不同　　D. 编制方法不同

E. 包括范围不同

三、判断题

练习要求：判断为正确的在括号内打“√”，错误的在括号内打“×”。

1. 总指数的计算形式包括综合指数、平均指数。（　　）
2. 编制综合指数的关键问题，也就是同度量因素及其时期的选择问题。（　　）
3. 广义上的指数是一切动态相对数。（　　）
4. 同度量因素是解决多种现象的量不能直接相加而使用的一种媒介因素。（　　）
5. 各个体指数之和就是总指数。（　　）
6. 一般情况下数量指标综合指数的同度量因素应固定在质量指标的基期。（　　）
7. 在实际应用中，计算价格指数通常以基期数量指标为同度量因素。（　　）
8. 从反映指标的性质来看，单位产品成本指数是数量指标指数。（　　）
9. 数量指标指数是研究数量指标变动的相对数。（　　）
10. 平均指标指数是综合指数的变形。（　　）
11. 总指数也可称总平均指标指数。（　　）
12. 平均指数是将总指数进行几何平均。（　　）
13. 在由三个指数构成的指数体系中，两个因素指数的同度量因素是不同期的。（　　）
14. 商品周转天数的变动是数量指标指数。（　　）
15. 某地区人口的变动是总指数。（　　）
16. 价格总指数也称总价格指数。（　　）
17. 单位成本指数是总成本指数乘以产量指数。（　　）
18. 固定权数的平均数指数公式在使用时，数量指标指数和质量指标指数有不同的

公式。（　　）

19. 如果各种商品的销售量平均上涨5%，销售价格平均下降5%，则销售额不变。（　　）

20. 可变构成指数是两个时期总平均指标之比。（　　）

21. 在指数体系中，各指数的关系是以相对数表现的乘积关系，绝对额间以绝对量表示的加减关系。（　　）

22. 平均指数是从个体指数出发，对个体指数进行加权平均以观察个体指数的平均水平。（　　）

23. 平均指数也是平均指标指数。（　　）

24. 各个体指数的连乘积等于总指数。（　　）

25. 平均指数是综合指数的一种变形形式。（　　）

26. 在已掌握各种商品的销售量个体指数及各种商品的基期销售额资料的情况下，计算销售量总指数应采用加权算术平均数公式。（　　）

27. 若指数化指标是数量指标，则应以相联系的数量指标为同度量因素；若指数化指标是质量指标，则应以质量指标为同度量因素。（　　）

28. 综合指数是编制总指数的基本形式，其他方法都是由综合指数所派生。（　　）

29. 因素分析是应用指数原理和方法建立起来的一种经济分析方法。（　　）

30. 在计算综合指数时，要求同度量因素不变。（　　）

四、填空题

练习要求：将正确的答案填入空白中。

1. 编制总指数的基本方法有两种，即__________和__________。

2. 在综合产量指数中，__________是指数化因素，而__________是同度量因素。

3. 在一般情况下，数量指标综合指数的同度量因素固定在________，质量指标综合指数的同度量因素固定在________。

4. 平均指数的两种基本形式是______________和______________。

5. 平均指标指数是两个不同时期同一经济内容的________对比，用以反映现象平均水平的变动程度。平均指标指数体系包括___________、___________和___________三个指数。

6. 因素分析就是借助于________来分析社会经济现象变动中各种因素变动发生作用的影响程度。

7. 加权算数平均数指数是从______出发，用__________为权数进行加权计算的。

8. 加权调和平均数指数是从______出发，用__________为权数进行加权计算的。

9. 综合指数编制方法的最主要特点是______________________________。

10. 将三个或三个以上的在________有联系、________有对等关系的指数所构成的整体称为指数体系。

11. 同度量因素是将__________________过渡到____________________数量而使用的一种媒介因素。其作用有__________和__________。

12. 固定构成指数是将__________作为要研究的因素，把各组的__________作为同度量因素，而且固定在________。

13. 进行因素分析的步骤是：首先计算______________________________________；然后计算__________________________________；最后再根据指数体系列出的三者之间的联系并进行____________。

五、问答题

练习要求： 简要回答各问题的要点。

1. 什么是统计指数？统计指数如何分类？

2. 总指数的编制方法有哪些？编制要点是什么？

3. 什么是同度量因素？有何作用？

4. 什么是数量指标综合指数和质量指标综合指数？编制这两种指数的原则和方法各是什么？

5. 什么是加权算术平均数指数？它是怎样编制的？

6. 总量指标如何进行因素分析？

7. 平均指标指数体系包含哪些指数？如何计算？

8. 综合指数和平均数指数有何联系与区别？

9. 什么是指数体系？它有什么作用？

10. 统计指数分析中，为什么会出现在同组别的平均数有不同程度的提高，而总体平均数反而下降的现象？

六、计算分析题

练习要求：按各题的要求，计算、填表和进行分析。

1. 某商场销售三种商品有关资料如下表：

表 6-1　　某商场销售三种商品有关资料

商品名称	计量单位	销售量		价格/元	
		基期	报告期	基期	报告期
甲	吨	500	550	1 000	1 500
乙	件	600	660	160	120
丙	米	100	120	50	40

根据以上资料计算：

（1）计算各种商品的销售量、销售价格的个体指数。

（2）销售量综合指数以及由于销售量的变动而增减的销售额。

（3）价格综合指标以及由于价格的变动而增减的销售额。

2. 某企业生产三种产品的有关资料如下表：

表 6-2　　某企业生产三种产品的有关资料

商品名称	计量单位	产量		单位成本/元	
		基期	报告期	基期	报告期
甲	吨	200	300	500	450
乙	台	300	400	60	55
丙	件	500	550	80	85

根据以上资料，计算：

（1）总成本的变动。

（2）单位成本的变动对总成本的影响。

（3）总产量的变动对总成本的影响。

3. 某地区 2016 年和 2017 年三类农产品收购情况如下表：

表 6-3　　某地区 2016 年和 2017 年三类农产品收购情况

产品	计量单位	收购量		收购价格	
		2016 年	2017 年	2016 年	2017 年
甲	箱	400	600	1 500	1 800
乙	千克	800	1 200	200	300
丙	袋	500	750	400	450

根据以上资料计算：

（1）收购价格总指数和由于收购价格变动而增减的收购额。

（2）收购量总指数和由于收购量的变动而增减的收购额。

（3）收购额总指数及增加的绝对值。

4. 已知某地区 2017 年消费品零售总额为 2 000 亿元，比基期增长 29.8%，剔除物价影响因素，零售总额增长 15%，试测定由于物价变动使居民购买消费品增加的货币支出金额。

5. 某地区 2017 年的农副产品收购额为 200 亿元，已知农副产品价格 2017 年比上年提高了 20%。试计算由于农副产品提价，农民增加多少收入？

6. 某企业 2017 年比 2016 年产量增长 15%，产品成本下降 4%，2016 年总成本支出 3 000 万元，2017 年总成本比 2016 年要多支出多少元？

7. 某企业在 2017 年生产的三种产品有关资料如下表：

表 6-4　　某企业在 2017 年生产的三种产品有关资料

产品名称	计量单位	产品		价格/元	
		基期	报告期	基期	报告期
甲	双	5 000	4 800	15	18
乙	件	60	65	200	220
丙	箱	80	100	300	280

根据以上资料，从相对数和绝对数分析总产值的变动及其因素的影响。

8. 某企业三种产品的产值和产量资料如下表：

表 6-5 某企业三种产品的产值和产量资料

产品	实际产值（万元）		2017 年比 2016 年产量增长（%）
	2016 年	2017 年	
甲	200	220	8
乙	150	180	10
丙	300	280	-5

根据以上资料计算：

（1）三种产品的总产值指数和增加的总产值。

（2）产量总指数及由于产量的变动而增加的产值。

（3）价格总指数及由于价格变动而增加的产值。

9. 某企业生产三种产品的有关成本资料如下表：

表 6-6 某企业生产三种产品的有关成本资料

产品	总成本（万元）		2017 年比 2016 年单位成本增减（%）
	2016 年	2017 年	
甲	100	130	-2
乙	200	250	-10
丙	400	380	2

根据以上资料计算：
（1）三种产品总成本的变动。
（2）三种产品单位成本总变动。
（3）三种产品产量的总变动。

10. 甲、乙两企业有关总产值和职工人数资料如下表：

表 6-7　　甲、乙两企业有关总产值和职工人数资料

企业	2016 年		2017 年	
	总产值（万元）	工人数（人）	总产值（万元）	工人数（人）
甲	2 000	100	5 000	200
乙	5 000	40	6 000	300

要求：
（1）计算总平均劳动生产率指数。
（2）对总平均劳动生产率变动进行因素分析。

七、单项训练题

练习要求：阅读资料，按要求进行训练。

（一）资料

某企业在2017年规模扩大，技术工人和一般工人都大幅增加，由于企业效益提高，工人的平均收入也提高了。其两种工人人数和工资变化情况资料如下表：

表6-8　　某企业技术工人和一般工人工资变化情况

工　种	工人人数（人）		平均工资（万元）	
	2016年	2017年	2016年	2017年
技术工人	200	300	3	3.5
一般工人	400	1 000	2	2.2

（二）要求

1. 从相对数和绝对数两个方面分析2017年工资费用的变动情况，并进一步分析工人人数和工人平均工资增加对企业工资费用影响的情况。

2. 通过计算可变构成指数、固定构成指数和结构影响指数，对平均工资的变动进行因素分析。

项目七 相关与回归分析

一、单项选择题

练习要求： 在括号内依次填入所选中各项目的字母，每题只有一个正确答案。

1. 若自变量 x 的值减小时，因变量 y 的值增加，则两变量之间的关系为（　　）。
   A. 正相关　　B. 负相关
   C. 不相关　　D. 函数关系
2. 下面现象的关系属于相关关系的是（　　）。
   A. 圆的面积与半径之间的关系
   B. 价格不变时，销售额和销售量之间的关系
   C. 收入越高，其生活消费支出也就越高
   D. 正方形的面积和边之间的有关系
3. 如果自变量 x 和因变量 y 之间的相关系数为负 1，则说明两个变量之间（　　）。
   A. 不相关　　B. 相关程度很低
   C. 相关的程度很高　　D. 完全负相关
4. 进行销售收入与利税额之间的回归分析时（　　）。
   A. 利税额只能是自变量　　B. 销售收入只能是自变量
   C. 销售收入只能是因变量　　D. 利税额不能是因变量
5. 若物价上涨，商品的需求量相应减小，则物价与商品需求量之间的关系为（　　）。
   A. 不相关　　B. 正相关
   C. 负相关　　D. 复相关
6. 相关系数越接近于 0，表明两现象之间的相关关系（　　）。
   A. 越强　　B. 越弱
   C. 完全相关　　D. 正相关
7. 和相关分析相比，回归分析要求（　　）。

A. 两个变量都是随机的

B. 两个变量都是非随机的

C. 自变量 x 是随机的，因变量是非随机的

D. 自变量 x 是非随机的，因变量 y 是随机的

8. 每一吨铸铁成本（元）依铸件废品率（%）变动的回归方程 $y_c=56+8x$，这意味着（　　）。

A. 废品率每增加 1%，成本每吨增加 64 元

B. 废品率每增加 1%，成本平均每吨增加 8%

C. 废品率每增加 1%，成本平均每吨增加 8 元

D. 废品率每增加 1%，则平均每吨增加为 56 元

9. 两变量之间线性相关程度越高，则计算出的相关系数越接近于（　　）。

A. ±1　　B. 0

C. 0.5　　D. 2.5

10. 相关系数 r 的取值范围是（　　）。

A. $-1\leq r\leq 1$　　B. 0~1 之间

C. 大于 1　　D. 小于 1

11. 直接回归方程 $y=10+5x$ 表示，当自变量 x 每增加一个单位，因变量 y（　　）。

A. 平均增加 10 个单位　　B. 平均增加 15 个单位

C. 平均增加 5 个单位　　D. 不能确定

12. 研究小麦的收获量和施肥量之间相关关系则（　　）。

A. 施肥量只能是因变量

B. 施肥量只能是自变量

C. 收获量只能是自变量

D. 施肥量和收获量可以随意确定为自变量

13. 当所有观测值都落在回归直线 $y_c=a+bx$ 上，则 x 与 y 之间的相关系数（　　）。

A. $r=0$　　B. $r=1$

C. $r=-1$　　D. $|r|=1$

14. 相关分析与回归分析，在是否需要确定自变量和因变量的问题上（　　）。

A. 前者无需确定，后者需要确定　　B. 前者需要确定，后者无需确定

C. 两者均需确定　　D. 两者都无需确定

15. 一个线性回归模型的参数有（　　）。

A. 1 个　　B. 2 个

C. 3 个　　D. 3 个以上

16. 已知变量 x 和变量 y 之间存在着近似的正比例变动，则变量 x 和 y 之间的相关系数大致为（　　）。

A. 0.29　　B. -0.86

C. 1.05　　D. 0.95

17. 某校对学生的考试成绩和学习时间的关系进行测定，建立了考试成绩依学习时间的直线回归方程为：$y_c = 180 - 5x$。该方程明显有误，错误在于（　　）。

A. a 值的计算有误，b 值是对的

B. b 值的计算有误，a 值是对的

C. a 值和 b 值的计算都有误

D. 自变量和因变量的关系搞错了

18. 已知某企业的棉大衣产量和生产成本有直线关系，在这条直线上，当产量为 1 000 件时，其生产成本为 30 000 元。其中不变成本是 6 000 元。请根据这些资料写成回归方程（　　）。

A. $y_c = 6\ 000 + 24x$　　B. $y_c = 6 + 0.24x$

C. $y_c = 24\ 000 + 6x$　　D. $y_c = 24 + 6\ 000x$

19. 单位产品成本与其产量相关；单位产品成本与单位产品原材料消耗量相关（　　）。

A. 前者是正相关，后者是负相关　　B. 前者是负相关，后者是正相关

C. 两者都是正相关　　D. 两者都是负相关

20. 直线相关系数的绝对值接近 1 时，说明两变量相关关系的密切程度是（　　）。

A. 完全相关　　B. 微弱相关

C. 无线性相关　　D. 高度相关

21. 下列关系中，属于正相关关系的有（　　）。

A. 合理限度内，施肥量和平均亩产量之间的关系

B. 产品产量与单位产品成本之间的关系

C. 商品的流通费用与销售利润之间的关系

D. 流通费用率与商品销售量之间的关系

22. 直线相关分析与直线回归分析的联系表现为（　　）。

A. 相关分析是回归分析的基础　　B. 回归分析是相关分析的基础

C. 相关分析是回归分析的深入　　D. 相关分析与回归分析互为条件

23. 如果回归标准误差 $S_{yx} = 0$，则表明（　　）。

A. 全部观测值和回归值都不相等

B. 回归值代表性小

C. 全部观测值和回归值的离差之积为零

D. 全部观测值都落在回归直线上

24. 相关分析和回归分析相比，对变量的性质的要求是不同的。回归分析要求自变量是非随机的，而因变量是随机的，而相关分析要求（　　）。

A. 两个变量都是非随机的

B. 两个变量都是随机的

C. 自变量是随机的，因变量是非随机的

D. 以上三个都不对

25. 相关分析中，两个变量的关系是对等的，从而变量 x 对 y 的相关和变量 y 对 x 的

相关是同一个问题，在回归分析中（　　）。

A. 变量 y 和变量 x 的关系是不对等的，所以就变量 y 对变量 x 进行回归同变量 x 对变量 y 回归是同一个问题

B. 变量 y 和变量 x 的关系是不对等的，所以就变量 y 对变量 x 进行回归同变量 x 对变量 y 进行回归不是同一个问题，其回归方程是不同的

C. 虽然在回归分析中，变量 y 对变量 x 进行回归和变量 x 对变量 y 进行回归不是同一个问题，但这两个回归方程是相同的

D. 虽然在回归分析中，由变量 y 对变量 x 的回归同变量 x 对变量 y 的回归不是同一个问题，但变量 x 和变量 y 是对等的，即与相关关系中变量 x 和变量 y 的对等关系一样

二、多项选择题

练习要求：在括号内依次填入所选中各项目的字母，每题至少有两个正确答案。

1. 相关系数等于 0，说明两个变量之间的关系是（　　）。
   A. 完全不相关　　B. 高度相关
   C. 不相关　　D. 显著相关
   E. 没有直线相关关系
2. 若两个变量之间的相关系数为±1 时，则两个变量（　　）。
   A. 相关程度弱　　B. 完全相关
   C. 函数关系　　D. 不完全相关
   E. 不相关
3. 下列现象中属于相关关系的有（　　）。
   A. 压力与压强　　B. 现代化水平与劳动生产率
   C. 圆的半径与圆的面积　　D. 身高与体重
   E. 机械化程度与农业人口
4. 直线回归方程 $y_c = a + bx$ 中的 b 称回归系数，而回归系数的作用是（　　）。
   A. 可确定两变量之间的因果数量关系
   B. 可确定两变量的变动方向
   C. 可确定两变量相关的密切程度
   D. 可检查回归方程 $y_c = a + bx$ 的代表
   E. 可确定当自变量 x 每增加一个单位时，因变量平均增减多少
5. 根据资料所拟合的直线方程 $y_c = a + bx$，可（　　）。
   A. 反映两个变量之间的变动方向

B. 利用所拟合的回归方程进行推算

C. 通过自变量 x，推算因变量平均可能值

D. a 为截距，b 为回归系数

E. 可反映回归系数的经济含义

6. 在直线相关和回归分析中（　　）。

A. 据同一资料，相关系数只能计算一个

B. 据同一资料，相关系数可以计算两个

C. 据同一资料，回归方程只能配合一个

D. 据同一资料，回归方程随自变量与因变量的确定而不同，可能配合两个

E. 回归方程和相关系数均与自变量和因变量的确定无关

7. 相关系数 r 的数值（　　）。

A. 可为正值　　B. 可为负值

C. 可大于1　　D. 可等于-1

E. 可等于1

8. 相关系数 $r=0.9$，这表明现象之间存在着（　　）。

A. 高度相关关系　　B. 低度相关关系

C. 低度负相关关系　　D. 高度正相关关系

E. 低度正相关关系

9. 在回归分析中（　　）。

A. 必须确定哪个是自变量，哪个是因变量

B. 自变量 x 是确定的，因变量 y 是随机的

C. 回归系数 b 可以是正，也可以是负

D. 回归系数的数值范围在-1到1之间

E. 回归方程可用来推算或预测

10. 测定现象之间有无相关关系的方法是（　　）。

A. 编制相关表　　B. 绘制相关图

C. 对客观现象做定性分析　　D. 计算估计标准误差

E. 配合回归方程

11. 下列属于正相关的现象是（　　）。

A. 家庭收入越多，其消费支出也越多

B. 某产品产量随工人劳动生产率的提高而增加

C. 流通费用率随商品销售额的增加而减少

D. 生产单位产品所耗工时随劳动生产率的提高而减少

E. 产品产量随生产用固定资产价值的减少而减少

12. 若两个变量之间的相关系数为-1，则这两个变量是（　　）。

A. 负相关关系　　B. 正相关关系

C. 不相关　　D. 完全相关关系

E. 不完全相关关系

13. 回归分析的特点有（　　）。

A. 两个变量是不对等的
B. 必须区分自变量和因变量
C. 两个变量都是随机的
D. 因变量是随机的
E. 回归系数只有一个

14. 单位成本（元）依产量（千件）变化的回归方程为 $y_c = 78 - 2x$，这表示（　　）。

A. 产量为 1 000 件，单位成本 76 元
B. 产量为 1 000 件，单位成本 78 元
C. 产量每增加 1 000 件时，单位成本下降 2 元
D. 产量每增加 1 000 件时，单位成本下降 78 元
E. 当单位成本 72 元时，产量为 3 000 件

15. 用相关系数表示两现象线性相关密切程度时，其值（　　）。

A. 越接近于±1，现象间的相关关系越密切
B. 越接近于 0，现象间的相关关系越弱
C. 越接近于-1，现象之间的相关关系越弱
D. 全接近于 1，现象间的正相关关系越强
E. 为-1，表明现象间无相关关系

16. 在相关关系的现象之间（　　）。

A. 一定存在严格的依存关系
B. 存在一定的相互关系，但关系数值不确定
C. 可能存在不明显的因果关系
D. 存在不固定的依存关系
E. 可能存在明显的因果关系

17. 在一定条件下，销售额与流通费用率存在相关关系，其相关关系属于（　　）。

A. 正相关
B. 单相关
C. 负相关
D. 复相关
E. 不完全相关

18. 确定直线回归方程必须满足的条件是（　　）。

A. 现象间确实存在数量上的相互依存关系
B. 相关系数绝对值必须大于等于 0.5
C. 相关现象必须均属于随机现象
D. 现象间存在着较密切的直线相关关系
E. 相关数列的项数必须足够多

三、判断题

练习要求： 判断为正确的在括号内打“√”，错误的在括号内打“×”。

1. 相关关系和函数关系都属于完全确定性的依存关系。（　）
2. 相关系数只能研究两个变量之间的密切程度。（　）
3. 如果两个变量的变动方向一致，同时呈现上升或下降趋势，则两者是正相关关系。（　）
4. 假定变量 x 与 y 的相关系数是 0.8，变量 m 与 n 的相关系数为-0.9，则 x 与 y 的相关密切程度高。（　）
5. 相关系数是测定变量之间相关密切程度的唯一方法。（　）
6. 只有当相关系数接近于 1 时，才能说明两变量之间存在高度相关性。（　）
7. 在任何相关条件下，都可以用相关系数说明变量之间相关的密切程度。（　）
8. 当所有的观察值 y 都落在直线 $y_c = a + bx$ 上时，x 与 y 之间的相关系数为 $r=0$。（　）
9. 相关系数 r 越大，则回归标准误差就越大，从而直线回归方程的精确性就越低。（　）
10. 劳动生产率和生产单位成本之间呈负相关。（　）
11. GDP 和国民收入呈正相关。（　）
12. 当直线相关系数 $r=0$ 时，说明变量之间不存在任何相关关系。（　）
13. 相关系数可以取一切自然数。（　）
14. 相关系数 r 和回归系数 b 的变动方向可以不一致。（　）
15. 回归系数 b 和相关系数 r 都可用来判断现象之间相关的密切程度。（　）
16. 若直线回归方程 $y_c=120-2.5x$，则变量 x 和 y 之间存在负的相关关系。（　）
17. 回归分析中，对于没有明显关系的两个变量，可以建立 y 依 x 变动和 x 依 y 变动的两个回归方程。（　）
18. 在进行相关和回归分析时，一般以定性分析为前提，判定现象之间有无关系。（　）
19. 回归系数 b 的符号与相关系数 r 的符号，可以相同也可以不相同。（　）
20. 在直线回归分析中，两个变量是对等的，不需要区分因变量和自变量。（　）
21. 回归系数越大，则相关关系越密切。（　）
22. 回归直线方程 $y=a+bx$ 也可用于多因素（变量）。（　）
23. 回归系数可反映两变量之间的变动方向。（　）
24. 估计标准误差的就是实际值 y 与估计值 y_c 的平均误差程度。（　）
25. 回归分析中的自变量 x 和因变量 y 都是随机的。（　）

四、填空题

练习要求：将正确的答案填入空白中。

1. 相关关系按现象之间的相关程度可以分为_________、__________和__________。

2. 相关关系按现象之间相关关系的方向分为____________和____________。当两个现象之间，自变量 x 增加，因变量 y 增加，或自变量 x 减少，因变量 y 减少，这种相关关系为____________。

3. 对现象之间相关关系的研究，我们一般是从两个方面进行的，一是________分析；二是________分析。

4. 相关系数是在________条件下研究和判断______________________的指标。

5. 相关系数可反映两现象之间的变动方向，相关系数 $r>0$，为__________；相关系数 $r<0$，则为__________。

6. 当两种现象之间存在____或____相关关系时，要进行进一步分析，即____分析。

7. 相关分析的变量是____关系，两个变量是______；而回归分析的变量是______关系，在回归分析中，必须首先确定自变量和因变量，______是可控制的变量，______是随机的，

8. 关于参数 a、b 的含义，其几何意义是：a 是直线方程的________，b 是________。其经济意义是：a 是当 x 为零时 y 的________，也叫__________，b 是当____ 每变动一个单位时______平均增减数量。

9. 回归标准误差______，说明因变量的________与________之间的差异小，估计值对实际值的________就大。

10. 函数关系是一种特殊的____关系，是当相关系数 r = ______时两个变量之间的关系，说明两现象之间__________。

五、问答题

练习要求：简要回答各问题的要点。

1. 什么是相关关系？与函数关系有什么区别？

2. 相关关系有哪些种类？

3. 什么是正相关，负相关？试举例说明。

4. 谈谈相关分析的内容。

5. 简述相关系数的取值范围及相关程度的划分。

6. 什么是“回归”？试叙述回归分析与相关分析的区别与联系。

7. 拟合回归方程 $y_c = a + bx$ 有什么要求？

8. 试解释直线回归方程 $y_c = a + bx$ 中 a，b 两个参数值的意义。

9. 回归系数 b 与相关系数 r 有何区别与联系？

10. 什么是回归标准误差？有何作用？

六、计算分析题

练习要求： 按各题的要求，计算、填表和进行分析。

1. 某地区 10 个同类企业的生产性固定资产价值与总产值资料如下表：

表 7-1　　某地区 10 个同类企业的生产性固定资产价值与总产值资料　　单位：万元

企业序号	生产性固定资产价值	总产值	企业序号	生产性固定资产价值	总产值
1	318	524	6	502	928
2	910	1 019	7	314	605
3	200	638	8	1 210	1 618
4	409	815	9	1 022	1 354
5	415	913	10	1 225	1 685

要求：

（1）计算相关系数，说明两现象之间的相关方向和程度。

（2）编制直线回归方程。

（3）指出方程参数的经济意义。

（4）估计生产性固定资产（自变量）为 1 400 万元时，总产值（因变量）的可能值。

2. 根据某地区历年人均收入 x（元）与商品销售额 y（万元）资料计算有关数据如下：

$n=9 \quad \sum x=536 \quad \sum y=260 \quad \sum x^2=34\ 362 \quad \sum xy=16\ 918$

计算：

（1）建立以商品销售额为因变量的直线回归方程，并解释回归系数的含义。

（2）若 2017 年人均收入为 1 200 元，试推算该年商品销售额。

3. 生产费用和产品产量有一定关系，现从某一行业随机抽取 12 个企业，所得产量与生产费用的资料如下：

表 7-2　　某一行业 12 个企业的产量与生产费用资料

企业编号	产量（千件）x	生产费用（万元）y	企业编号	产量（千件）x	生产费用（万元）y
1	40	130	7	84	165
2	42	150	8	100	170
3	50	155	9	116	167
4	55	140	10	125	180
5	65	150	11	130	175
6	78	154	12	140	185

要求：

（1）计算相关系数，指出产量和生产费用之间的相关关系和相关程度。

（2）建立以产量为自变量，生产费用为因变量的直线回归方程，并指出所计算参数 a、b 的经济意义。

（3）估计产量为 150 千件时，生产费用应为多少万元。

4. 假定工业生产投入和产出的资料如下：

表 7-3　　工业生产投入和产出的资料

投入（万元）	18	22	13	20	15	14
产出（万件）	17.2	20.9	11.6	18.7	14.1	12.9

要求：

（1）计算相关系数，指出投入和产出指标之间的联系的密切程度和相关方向。

（2）拟合投入和产出的线性回归方程。指出回归系数的经济意义。

（3）当投入达到 30 万元时，产出可以达到多少？

5. 某地区对农村购买力情况进行调查，发现农业总产值对农民购买力影响很大，将该地区 10 个调查点的资料整理如下：

表 7-4　　某地区 10 个调查点的资料

地区编号	农业总产值（万元）	农村购买力（万元）	地区编号	农业总产值（万元）	农村购买力（万元）
1	65	39	6	48	30
2	73	45	7	54	31
3	42	24	8	32	20
4	37	23	9	58	35
5	39	22	10	62	37

要求：

（1）判断两者的相关程度。

（2）以农村购买力为因变量建立回归方程。

（3）计算回归方程的估计标准误差，并指出其含义。

七、单项训练题

练习要求：阅读资料，按要求进行训练。

（一）资料

某高职学院会计系2017级学生应用所学统计知识对本年级同学进行了一次抽样调查，随机抽取12名学生的数学和统计学的考试分数如下表：

表7-5　12名学生的数学和统计学的考试分数

序号	数学	统计学	序号	数学	统计学
1	90	93	7	84	78
2	65	70	8	79	80
3	50	45	9	76	69
4	87	88	10	80	82
5	65	71	11	71	75
6	95	89	12	70	72

（二）要求

1. 编制相关表、绘制相关图、计算相关系数，判断两门课的相关程度。
2. 建立回归方程，并指出回归系数的意义。
3. 确定以统计学成绩为因变量的回归方程的估计标准误差。

（三）训练

1. 编制相关表。

将上表原始资料中的数学成绩按从小到大顺序排列，对应的统计学成绩平行排列，即可编制简单相关表。

表7-6　数学成绩与统计学成绩的简单相关表

数学												
统计学												

从简单相关表可以看出：

2. 绘制相关图。

以直角坐标系的横轴代表数学成绩，纵轴代表统计学成绩，将两个变量对应的成对数据用坐标点的形式描绘出来，来反映两个变量之间相关关系。

绘制的相关图可以表明：

3. 计算相关系数。

计算结果表明：

4. 建立以数学成绩为因变量的回归方程，并指出回归系数的意义。

5. 建立以统计学成绩为因变量的回归方程，并指出回归系数的意义。

6. 确定以统计学成绩为因变量的回归方程的估计标准误差。

项目八 抽样推断技术

一、单项选择题

练习要求： 在括号内依次填入所选中各项目的字母，每题只有一个正确答案。

1. 运用抽样技术的主要目的是（　　）。

A. 广泛运用数学的方法　　B. 计算和控制抽样误差

C. 修正普查的资料　　D. 用样本指标估计总体指标

2. 抽样调查理论中，“样本”一词是指总体中（　　）。

A. 具有特定含义的单位集合　　B. 具有典型意义的单位集合

C. 具有代表性的单位集合　　D. 任何一部分单位的集合

3. 从总体中按随机原则抽取样本，有重复抽样和不重复抽样两种方式，但在下列情况下两者并无实质性差别：（　　）。

A. 有限总体　　B. 无限总体

C. 样本相对于总体很小　　D. 样本相对于总体很大

4. 所谓大样本是指样本单位数在（　　）及以上。

A. 0 个　　B. 50 个

C. 80 个　　D. 100 个

5. 抽样误差产生于（　　）。

A. 登记性误差　　B. 随机代表性误差

C. 系统性误差　　D. 登记性误差和系统性误差

6. 在同等条件下，不重复抽样的抽样平均误差与重复抽样的抽样平均误差大小关系是（　　）。

A. 两者相等　　B. 前者小于后者

C. 两者有时相等，有时不等　　D. 后者小于前者

7. 当提高抽样估计的可靠性时，其精确性将（　　）。

A. 保持不变　　B. 随之缩小

C. 随之扩大　　D. 无法确定

8. 某企业试验新产品，其中合格品与不合格品各占了一半，则该新产品合格率的成数方差为（　　）。

A. 25%　　B. 30%

C. 35%　　D. 50%

9. 在抽样估计中，样本容量（　　）。

A. 越小越好　　B. 越大越好

C. 取决于统一的抽样比例　　D. 取决于对抽样估计可靠性的要求

10. 为研究某市零售商业的经营状况，将全市所有零售商店按月营业额大小分成五个组，并以一定比例从各组中抽取单位构成样本，这种抽样方式称为（　　）。

A. 类型抽样　　B. 等距抽样

C. 整群抽样　　D. 阶段抽样

11. 在人口普查时，要求1%的居民回答普查表上的附加问题，为此在普查时选择每千户住户的最末一户组成样本，这种抽样方式称为（　　）。

A. 类型抽样　　B. 等距抽样

C. 整群抽样　　D. 阶段抽样

12. 某饮料厂生产罐装饮料，某日共入库1万箱，每箱24罐，为检查其卫生指标是否合格，从已入库的1万箱中随机抽出30箱进行全面检验，这种抽样方式称为（　　）。

A. 类型抽样　　B. 等距抽样

C. 整群抽样　　D. 阶段抽样

13. 设总体包含 N 个单位（N 为有限整数），从中抽取容量为 n 的样本时，重复抽样和不重复抽样存在实质性差别，但在下列情况下，两种抽样方式的差别可以忽略（　　）。

A. n 很小　　B. N 很大

C. N 远大于 n　　D. n 近似等于 N

14. 某有限总体共有 N 个单位，若从中一次同时抽取 n（$n<N$）个单位组成样本，则称这种抽样方法是（　　）。

A. 非随机抽样　　B. 重复抽样

C. 不重复抽样　　D. 既非重复也非不重复抽样

15. 下列指标中属于随机变量的指标是（　　）。

A. 总体单位数　　B. 总体平均数

C. 样本容量　　D. 样本平均数

16. 一致性作为评选优良估计量的一项标准，其含义是指样本指标在下列条件下将趋近于被估计的总体指标（　　）。

A. 样本容量充分增大　　B. 样本容量充分减少

C. 总体容量充分增大　　D. 总体容量充分减少

17. 连续生产的电子管厂，产品质量检查是这样安排的：在一天中，每隔半个小时抽取5分钟的产品进行检验，这是（　　）。

A. 简单随机抽样　　B. 类型抽样

C. 等距抽样　　D. 整群抽样

18. 在实际工作中，不重复抽样的抽样平均误差的计算，采用重复抽样的公式的情况是（　　）。

A. 本单位数占总体单位数的比重很小时

B. 样本单位数占总体单位数的比重很大时

C. 样本单位数目很少时

D. 样本单位数目很多时

19. 在抽样之前对每一个单位进行编号，然后才能使用随机数表等方法抽选样本单位，这种方法属于（　　）。

A. 等距抽样　　B. 分层抽样

C. 整群抽样　　D. 简单随机抽样

20. 成数方差的计算公式是（　　）。

A. $\sqrt{p(1-p)}$　　B. $p(1-p)$

C. $\sqrt{q(1-q)}$　　D. $q(1-p)$

21. 在区间估计中，有三个基本要素，它们是（　　）。

A. 概率度、抽样平均误差、抽样数目

B. 概率度、点估计值、误差范围.

C. 点估计值、抽样平均误差、抽样数目

D. 误差范围、抽样平均误差、总体单位数

22. 从一个无限总体中抽取容量为 n 的样本，可能的样本个数是（　　）。

A. N 个　　B. n 个

C. 有限个　　D. 无限个

23. 在总体概率分布不明确的情况下，为使所抽样本的平均值能接近正态分布，要求（　　）。

A. 总体充分大　　B. 样本充分大

C. 抽样比例充分小　　D. 采用重复抽样

24. 总体平均数 $\bar{X}$ 的置信概率为 $F(t)$ 的置信区间上、下限是（　　）。

A. $\bar{X} \pm \mu_{\bar{x}}$　　B. $\bar{x} \pm \mu_{\bar{x}}$

C. $\bar{X} \pm t\mu_{\bar{x}}$　　D. $\bar{x} \pm t\mu_{\bar{x}}$

25. 抽样指标与总体指标之间抽样误差的可能范围是（　　）。

A. 抽样平均误差　　B. 抽样极限误差

C. 区间估计范围　　D. 置信区间

26. 抽样平均误差说明抽样指标与总体指标之间的（　　）。

A. 实际误差　　B. 平均误差

C. 实际误差的平方　　D. 允许误差

27. 总体平均数和样本平均数之间的关系是（　　）。

A. 总体平均数是确定值，样本平均数是随机变量
B. 总体平均数是随机变量，样本平均数是确定值
C. 两者都是随机变量
D. 两者都是确定值

28. 用简单随机抽样（重复抽样）方法抽取样本单位，如果要使抽样允许误差降低50%，则样本容量需扩大到原来的（　　）。
A. 2 倍　　B. 3 倍
C. 4 倍　　D. 5 倍

29. 为提高类型抽样的效果，应当合理分组，尽可能做到（　　）。
A. 缩小组内和组间的差异　　B. 扩大组内和组间的差异
C. 缩小组内差异，扩大组间差异　　D. 扩大组内差异，缩小组间差异

30. 为提高整群抽样的效果，应当合理分群，尽可能使（　　）。
A. 群内和群间的差异扩大　　B. 群内和群间的差异缩小
C. 群内差异缩小和群间差异扩大　　D. 群内差异扩大和群间差异缩小

二、多项选择题

练习要求： 在括号内依次填入所选中各项目的字母，每题至少有两个正确答案。

1. 抽样调查抽取样本的组织方式有（　　）。
A. 简单随机抽样　　B. 阶段抽样
C. 类型抽样　　D. 等距抽样
E. 整群抽样

2. 抽样技术的特点有（　　）。
A. 只调查样本单位　　B. 遵循随机原则
C. 只掌握样本指标　　D. 用样本指标估计总体指标
E. 抽样误差可以计算和控制

3. 总体参数的区间估计必须同时具备的三个要素是（　　）。
A. 样本单位数　　B. 样本指标
C. 抽样平均误差　　D. 抽样极限误差
E. 概率保证程度

4. 影响必要抽样数目的主要因素有（　　）。
A. 总体标准差　　B. 抽样极限误差
C. 抽样方法　　D. 概率保证程度
E. 抽样的组织方式

5. 衡量估计量是否优良的标准有（　　）。

A. 无偏性　　B. 精确性

C. 有效性　　D. 科学性

E. 一致性

6. 常用的样本指标有（　　）。

A. 样本平均数　　B. 样本成数

C. 抽样误差　　D. 样本方差

E. 标准差

7. 在抽样调查中，抽样误差虽然不可避免，但可以（　　）。

A. 事先估计　　B. 加以控制

C. 主观规定　　D. 忽略不计

E. 设法消除

8. 影响抽样误差大小的因素有（　　）。

A. 样本各单位变量值的差异程度　　B. 样本单位数

C. 总体各单位变量值的差异程度　　D. 抽样方法

E. 抽样调查的组织形式

9. 对于简单随机抽样，影响抽样平均误差的因素有（　　）。

A. 样本容量　　B. 总体方差

C. 极限误差　　D. 置信概率

E. 抽样方式

10. 从总体中抽取样本时，有重置抽样和不重置抽样两种方式，但在下列情况下它们的差别可以忽略不计（　　）。

A. 有限总体　　B. 无限总体

C. $n \setminus N$ 很小　　D. $n \setminus N$ 很大

E. N 远大于 n

11. 抽样平均误差（　　）。

A. 反映样本统计量与总体参数的平均误差程度

B. 是样本统计量误差的平均数

C. 是样本统计量误差的绝对值的平均数

D. 是所有可能样本统计量的标准差

E. 是误差平均的可能范围

12. 一定条件下，置信度，概率度和精确度关系表现在（　　）。

A. 概率度增大，估计的可靠性也增大

B. 概率度增大，估计的可靠性缩小

C. 概率度增大，估计的精确度增大

D. 概率度增大，估计的精确度缩小

E. 概率度缩小，估计的可靠性缩小

13. 从总体 2 000 个单位中抽取 20 个单位进行调查，下列各项正确的是（　　）。

A. 样本单位数是 20 个　　B. 样本个数是 20 个

C. 样本容量是 20 个　　D. 一个样本有 20 个单位数

E. 总体单位数是 2 000 个

14. 在简单随机重复抽样条件下，抽样单位数 n 的计算可采用（　　）。

A. $n_{\bar{x}}=\dfrac{t^2\sigma_{\bar{x}}^2}{\Delta_{\bar{x}}^2}$　　B. $n_{\bar{x}}=\dfrac{Nt^2\sigma_{\bar{x}}^2}{N\Delta_{\bar{x}}^2+t^2\sigma_{\bar{x}}^2}$

C. $n_p=\dfrac{t^2P(1-P)}{\Delta_p^2}$　　D. $n_p=\dfrac{Nt^2P(1-P)}{N\Delta_p^2+t^2P(1-P)}$

E. $\Delta_{\bar{x}}^2=t^2\cdot\dfrac{\sigma_{\bar{x}}^2}{n_{\bar{x}}}$

15. 在重复抽样条件下，抽样平均误差 $\mu_{\bar{x}}$ 与总体方差 σ^2 及样本容量 n 之间存在以下数量关系（　　）。

A. 当 n 一定时，$\mu_{\bar{x}}$ 与 σ^2 成正比　　B. 当 n 一定时，$\mu_{\bar{x}}$ 与 σ^2 成反比

C. 当 σ^2 一定时，$\mu_{\bar{x}}$ 与 n 成正比　　D. 当 σ^2 一定时，$\mu_{\bar{x}}$ 与 n 成反比

E. $\mu_{\bar{x}}$、σ^2、n 之间无比例关系

16. 在置信概率已经确定的条件下，样本容量 n 与总体方差 σ^2 和抽样极限误差 Δ 三者之间存在以下关系（　　）。

A. 当 Δ 一定时，n 与 σ^2 成正比　　B. 当 Δ 一定时，n 与 σ^2 成反比

C. 当 σ 一定时，n 与 Δ^2 成正比　　D. 当 σ 一定时，n 与 Δ^2 成反比

E. n、σ^2、Δ^2 之间无比例关系

17. 分类抽样具有以下特点（　　）。

A. 对各类作全面调查　　B. 对各类作抽样调查

C. 某类内部各单位作全面调查　　D. 某类内部各单位作抽样调查

E. 组间方差不影响总误差

18. 整群抽样具有以下特点（　　）。

A. 对各群作全面调查　　B. 对各群作抽样调查

C. 群内方差不影响总误差　　D. 某群内各单位作抽样调查

E. 某群内各单位作全面调查

19. 抽取一个 1 000 人的简单随机样本以估计一个大的人口总体中戴隐形眼镜人的比例。发现样本中有 543 人是戴隐形眼镜的，下列陈述正确的是（　　）。

A. 54.3%是总体戴隐形眼镜人数比例的点估计，其抽样平均误差为 1.6%

B. 54.3%±3.2%是总体比例在 95.45%的概率条件下的置信区间

C. 54.3%±3.2%是样本比例在 95.45%的概率条件下的置信区间

D. 对总体中戴隐形眼镜人数的比例的估计，将近有 2/3 的机会落在 54.3%±1.6% 的区间内

E. 45.7%是总体不戴隐形眼镜人数比例点估计，其抽样平均误差也为 1.6%

20. 分层抽样具有以下特点（　　）。

A. 先对总体各单位分组，然后从各组中按随机原则抽选一定单位构成样本
B. 按比例分配抽样数目可使样本结构与总体结构保持一致
C. 将分组法和随机抽样相结合的方法
D. 划分类型时，必须有清楚的划类界限
E. 必须知道各类中的数目和比例

三、判断题

练习要求： 判断为正确的在括号内打“√”，错误的在括号内打“×”。

1. 在抽样推断中作为推断对象的总体和作为观察对象的样本都是确定的、唯一的。（　　）
2. 样本容量指从一个总体中可能抽取的样本个数。（　　）
3. 抽样平均误差总是小于抽样极限误差。（　　）
4. 抽样推断要达到的目的是要获取总体数量的特征值。（　　）
5. 点估计就是以样本指标的实际值直接作为相应总体参数的估计值。（　　）
6. 一次抽样调查中，确定了样本容量后，估计的误差范围与估计的可靠程度成反方向关系。（　　）
7. 样本指标平均数等于总体指标。（　　）
8. 抽样误差是工作失误造成的，只要工作认真负责，抽样误差可以减少甚至消灭。（　　）
9. 抽样指标与被估计的总体指标之间存在着一定程度的离差，这种离差就是抽样误差。（　　）
10. 抽样平均误差的大小与样本容量的大小成正比关系。（　　）
11. 所有可能的样本平均数的平均数，等于总体平均数。（　　）
12. 抽样误差是不可避免的，但人们可以调查总体方差的大小来控制抽样误差的大小。（　　）
13. 分类抽样破坏了随机原则，所以是不科学的。（　　）
14. 整群抽样可以简单地认为，抽样误差是来自于群间方差。（　　）
15. 从总体上说，与总体指标同结构的样本指标作为估计量所造成的误差最小。（　　）
16. 抽样调查就是凭主观意识，从总体中抽取部分单位进行调查。（　　）
17. 重复抽样在每次抽取并登记结果后要把抽中的单位放回，重新参加下次抽取。（　　）
18. 样本单位数的多少可影响抽样误差的大小，而总体标志变动度的大小和抽样误差

无关。 ( )

19. 不重复抽样的抽样误差一定小于重复抽样的抽样误差。 ( )

20. 在不重复抽样的情况下，若调查的单位数为全及总体的 10%，则所计算的抽样平均误差比重复抽样计算的抽样误差少 10%。 ( )

四、填空题

练习要求：将正确的答案填入空白中。

1. 当总体确定以后，总体指标是一个__________，而样本指标则是一个__________。

2. 重复抽样时，抽样平均误差在________一定情况下与________成正比，在______一定的情况下与____________成反比。

3. 若有一个总体，总体单位数为 $N=5$，样本单位数为 $n=3$，重复抽样的可能样本有______个；不重复抽样的可能样本有______个。

4. 估计量的优良性标准一般是指______性、______性和________性三项。

5. 事先把总体的全部单位按某一标志排列，然后按固定的顺序和相同的间隔来一次性抽取调查单位的组织方式是______抽样。

6. 设总体容量为 N，总体方差为 σ^2， 样本容量为 n，可以证明在简单随机不重复抽样方式下，抽样平均误差的计算公式为____________，其中______称为修正系数，它的数值总是小于______，而且当______很小时它接近于__________。

7. 抽样误差作为一个随机变量，其最大变化范围称为________误差，在一定置信概率下，它的计算公式是________和______的乘积。

8. 区间估计要具备的三个要素是__________、__________和______________。

五、问答题

练习要求：简要回答各问题的要点。

1. 抽样推断技术包括哪两方面的内容？它有什么特点？

2. 抽样推断技术主要有哪些应用？

3. 什么是总体指标？什么是样本指标？它们各有何特点？在抽样推断中，常用的总体指标与样本指标有哪些？计算方法如何？

4. 谈谈什么是重复抽样和不重复抽样？

5. 什么是抽样误差？有哪几种？如何理解平均误差和极限误差？

6. 抽样单位数目的多少受哪些因素影响？

7. 抽样调查有哪几种组织方式？

8. 什么是置信区间与置信概率？置信区间是怎么构成的？它与抽样极限误差有何关系？

9. 抽样平均误差在重复抽样和不重复抽样条件下有何区别？

10. 总体指标以什么作为估计量？衡量估计量是否优良的一般标准有哪些？其含义是什么？

六、计算分析题

<u>**练习要求：**</u>按各题的要求，计算、填表和进行分析。

1. 审查某企业9月份的领料单，编号为1~900，抽查其中20%。

要求：

（1）采用等距抽样法，假定开头随机抽选的样本为3号，顺序列出前10张应审查的领料单编号。

（2）采用简单随机抽样法，利用教材（附表1）的随机数字表，假定我们用第二排第5个数为起点，顺序列出前10张应审查的领料单编号。

2. 有甲、乙、丙三类商品共10 000件，随机抽取1%，对其商品质量进行调查，如10 000件商品中，甲商品占1 000件，乙商品占1 500件，丙商品占7 500件，三类商品均按1%抽取，这种抽样方式的类型是什么？三类商品应各抽多少件？

3. 某机械厂生产一批零件共6 000件，随机抽查300件，发现其中有10件不合格，求合格品率的抽样误差。

4. 某地区种植小麦40 000亩，随机抽取2 000亩进行实割实测，测得结果：平均亩产300千克，种植总体的标准差为6千克。试求在概率为95.45%的保证下，小麦平均产量的可能范围。

5. 对某产品的质量进行抽样调查，抽取200件检验，结果发现有6件废品。试求95%的概率保证条件下产品的合格率。

6. 根据对市电话局所作的100次通话情况抽样调查获知，每次通话的平均持续时间为4分钟，标准差2分钟，计算在概率为95%时，每次通话平均持续时间的抽样极限误差。

7. 某工厂为了解它所生产的10万件产品的次品率，拟采用随机不重复抽样方法进行估计，已知该产品过去抽查的次品率为2%，现要求概率保证达到95%，抽样误差范围在10%以内。问应该抽查多少件产品。

8. 从以往的调查知道，某产品重量的标准差不超过 2 克，现要求抽样极限误差不超过 0.2 克，概率达到 95.45%。试确定应抽取的产品件数。

9. 对某厂生产的 10 000 只新型节能灯的使用寿命进行 1%的抽样调查，测得其平均寿命为 4 000 个小时，标准差为 6 小时。

要求：

（1）按 68.27%的概率计算抽样平均数的极限误差。

（2）按以上条件，若极限误差不超过 4 小时，应抽取多少只灯泡进行测试?

（3）按以上条件，若概率保证提高到 95.45%，应抽取多少只灯泡进行测试?

（4）若极限误差为 6 小时，概率为 95.45%，应抽取多少只灯泡进行测试?

（5）通过以上计算，说明极限误差、样本单位数和概率之间的关系。

10. 某市工商部门对某企业生产的小包装食品进行抽样检查，每包重量规格为 50 克，在 10 000 包小食品中抽取 1%，检验结果如下表：

表 8-1　　某企业小包装食品抽查资料

按重量分组（克）	包数（包）
46~47	10
47~48	30
48~49	30
49~50	20
50~51	10
合　计	100

要求：以 95.45%的概率计算

（1）这片小包装食品的平均重量是否符合重量规格。

（2）若每包小食品的重量低于 50 克为不合格，求合格率的范围。

七、单项训练题

练习要求：阅读资料，按要求进行训练。

（一）资料

某高职学院共有学生 4 000 人，学院为掌握对家庭贫困学生补助的第一手资料，进行了一次对全院学生生活费支出 5%的抽样调查。具体调查情况如下：

表 8-2　　某学院学生生活费支出的抽查资料

按月生活费支出分组（元）	人数（人）
300 元以下	30
300~400	50
400~500	70
500~600	40
600 元以上	10
合　计	200

（二）要求

（1）以 95%的概率保证来估计学生生活费支出的范围。

（2）若以月生活费支出 300 元以下为家庭贫困学生，以 95%的概率保证来估计全院贫困学生的人数范围。

（三）训练

根据有关要求，确定概率保证程度为 95%，以此对全院学生的平均生活费支出和贫困学生的人数进行估计。

1. 平均生活费支出的估计

（1）样本的平均生活费支出

（2）样本生活费支出的标准差

（3）生活费支出的抽样平均误差（用样本指标代替，并按重复抽样计算）

（4）抽样极限误差

（5）生活费支出的区间估计
置信下限：
置信上限：

结论：

2. 贫困学生人数的估计
（1）贫困学生的比率

（2）贫困学生比率的标准差

（3）贫困学生比率的抽样平均误差（用样本指标代替总体指标）

（4）贫困学生比率的极限误差

（5）贫困学生比率的区间估计
置信下限：
置信上限：

（6）贫困学生人数的区间估计

置信下限：

置信上限：

结论：

项目九 国民经济统计概述

一、单项选择题

练习要求：在括号内依次填入所选中各项目的字母，每题只有一个正确答案。

1. 邮电通信业是按三次产业分类中的（　　）。
   A. 第一次产业　　B. 第二次产业
   C. 第三次产业的第一层次　　D. 第三次产业的第二层次
2. 各部门增加值之和是（　　）。
   A. 总产出　　B. 国民生产总值
   C. 国内生产总值　　D. 国民生产净值
3. “国内生产总值 = 总消费 + 总投资 + 净出口”，这种计算增加值的方法叫（　　）。
   A. 生产法　　B. 分配法
   C. 使用法　　D. 中间产品法
4. 从部门总产出中扣除中间消耗可得到部门增加值，这种计算增加值的方法叫（　　）。
   A. 生产法　　B. 分配法
   C. 使用法　　D. 中间产品法
5. 在下列分配项目中，属于收入初次分配的有（　　）。
   A. 收入税　　B. 生产税
   C. 罚款　　D. 无偿捐赠
6. 国民经济活动成果即为社会产品是指（　　）。
   A. 货物　　B. 物质性服务
   C. 非物质性服务　　D. 物质产品服务
7. 国内生产总值是一定时期内常住单位（　　）。
   A. 生产的全部货物和服务的价值

B. 生产并提供给社会使用的全部货物和服务的价值

C. 生产并提供给社会最终使用的货物和服务的价值

D. 生产的全部货物和服务以及进口货物和服务的价值

8. 下列各项中，应作为社会产品进行核算的是（　　）。

A. 农民自产自用的农产品　　B. 海洋中生长的鱼类

C. 居民家庭的自我服务　　D. 生产过程中出现的废品

9. 一国驻外使馆应作为（　　）。

A. 所在国的常住单位　　B. 所属国的常住单位

C. 所在国的内部单位　　D. 所属国的外部单位

10. 国民经济核算要求社会产品的生产、分配和使用三个环节的活动总量应当相等，这是遵循国民经济统计的（　　）。

A. 平衡原则　　B. 国民原则

C. 国土原则　　D. 权责发生制原则

11. 核算期内常住单位全部生产活动的总成果是指（　　）。

A. 总产出　　B. 国民生产总值

C. 国内生产总值　　D. 国民生产净值

12. 国内生产总值为固定资本折旧、劳动者报酬、生产税净额、营业盈余之和，其考察的角度是（　　）。

A. 生产　　B. 分配

C. 流通　　D. 使用

13. 国内生产总值增长 15.62%，劳动者人数增长 2.78%，则劳动生产率增长（　　）。

A. 12.84%　　B. 18.40%

C. 12.49%　　D. 17.79%

14. 国内生产总值 1 000 亿元，其中农业 230 亿元，工业 300 亿元，建筑业 110 亿元，运输邮电商业 160 亿元，则第三产业的比重为（　　）。

A. 20%　　B. 41%

C. 27%　　D. 36%

15. 某年全国各种收入如下（单位：亿元）：劳动者报酬 3 2000，生产税净额 7 600，营业盈余 12 900，固定资本折旧 5 500，来自国外的要素收入净额 -1 000，来自国外的经常转移收入净额 600、来自国外的资本收入净额 -200，则全国的国内生产总值为（　　）。

A. 58 000 亿元　　B. 57 000 亿元

C. 57 600 亿元　　D. 57 400 亿元

二、多项选择题

练习要求： 在括号内依次填入所选中各项目的字母，每题至少有两个正确答案。

1. 属于一国常住单位的是（　　　）。
   A. 在本国的本国企事业单位　　B. 在本国的外国企业
   C. 在本国的外国使馆　　D. 在外国的本国使馆
   E. 在本国的外国游客
2. 通常称为“国民经济五大核算”的是（　　　）。
   A. 国内生产与国民收入核算　　B. 投入产出核算
   C. 资金流量核算　　D. 国际收支核算
   E. 资产负债核算
3. 国内生产总值计算的三种方法是（　　　）。
   A. 生产法　　B. 分配法
   C. 使用法　　D. 工厂法
   E. 产品法
4. 支出法计算国内生产总值是指（　　　）三部分之和。
   A. 总消费　　B. 总投资
   C. 总出口　　D. 净出口
   E. 营业盈余
5. 国内总产出包括（　　　）。
   A. 实物产品部门总产出　　B. 物质性服务部门总产出
   C. 非物质性盈利服务部门总产出　　D. 非盈利性服务部门总产出
   E. 机构部门总产出
6. 属于社会最终产品的是（　　　）。
   A. 本期生产且已销售的消费品　　B. 本期生产且已出口的产品
   C. 本期生产尚未销售的消费品　　D. 本期生产尚未销售的生产资料
   E. 本期购进且已用于生产过程的产品
7. 从内容上看，工业总产出包括（　　　）。
   A. 当期生产的成品价值
   B. 对外承做的工业性作业价值
   C. 半成品、在产品期末、期初的差额价值
   D. 机器设备的安装价值
   E. 房屋、建筑物大修价值

8. 一个工业企业生产经营过程活动中发生的中间投入有（　　）。

A. 原材料的投入
B. 机器设备的投入
C. 广告宣传投入
D. 办公用品投入
E. 劳动力的投入

9. 按分配法计算国内生产总值应包括的内容有（　　）。

A. 劳动者报酬
B. 生产税减生产补贴
C. 固定资本折旧
D. 营业盈余
E. 中间消耗

10. 下列关系式成立的是（　　）。

A. 国内生产净值=国内生产总值-固定资产折旧
B. 国民总收入=国内生产总值+来自国外的要素收入净额
C. 国民净收入=国民总收入-固定资本折旧
D. 国民可支配总收入=国民总收入+来自国外的经常转移性收入净额
E. 国民要素收入=国民净收入-生产税净额

三、判断题

练习要求：判断为正确的在括号内打“√”，错误的在括号内打“×”。

1. 物质生产部门和非物质生产部门的划分是以各个部门提供的生产成果是否有“形”为依据的。（　　）
2. 三次产业的划分是以行业为依据进行划分的。（　　）
3. 国民经济统计是按空间范围即国土原则进行统计的。（　　）
4. MPS 即国民账户体系，现已为世界上绝大多数国家和地区所采用。（　　）
5. 总产出在价值形态是指劳动者新创造的价值。（　　）
6. 中间投入是指在生产经营过程中消耗或转换的物质产品和服务价值。（　　）
7. 增加值是指总产出的价值扣除中间投入价值后的余额，反映生产单位或部门生产活动的最终成果。（　　）
8. 支出法是从分配的角度来计算国内生产总值。（　　）
9. 在 GDP 的计算中，一般是以生产方为主，调整使用方。（　　）
10. 国内生产总值反映了本国常住单位原始收入的总和。（　　）
11. 使用生产法、收入法和支出法计算出的国内生产总值，从理论上讲应当相等，称为“三面等值”。（　　）
12. 国民生产净值（NDP）= 国内生产总值 - 固定资产折旧（　　）
13. 生产税净额指各部门向政府缴纳的生产税与政府向各部门支付的生产补贴相抵后

的差额。 (　　)

14. 总消费是常住居民在核算期内为个人最终消费需求而购买的物质产品和服务的全部支出。 (　　)

15. 净储蓄是指国民可支配净收入减去总消费后的余额或总储蓄扣除固定资产损耗后的余额。 (　　)

四、填空题

练习要求：将正确的答案填入空白中。

1. 国民经济主体分类是指________分类，国民经济客体分类是指____________分类。

2. 按机构部门分类将国民经济分成____________、____________、____________、____________和____________。

3. 国民经济统计必须满足__________、__________、__________三个要求。

4. 常住单位是指在____________上具有____________的单位。

5. MPS是与____________体制相适应的，SNA则与______________要求相适应。在核算范围上，MPS采用__________生产概念，SNA采用__________生产概念。

6. 总产出在价值形态既包括__________价值，又包括________________的转移价值。

7. 中间投入必须具备两个条件：一是____；二是________________________________。

8. 国内生产总值是指一国所有__________在核算期内生产活动的________。从生产角度来看，它等于________________；从收入角度看，它等于______________________；从支出角度看，它等于________________________。

9. 国民生产总值是指一定时期内，国内生产总值与__________________之和。

10. 总投资是指常住单位在核算期内____________和____________的总和。

五、问答题

<u>练习要求：</u>简要回答各问题的要点。

1. 什么是国民经济分类？有何意义？

2. 简述各种产业部门分类的关系。

3. 简述三次产业分类的具体划分标准。

4. 如何对国民经济活动及成果分类？

5. 对国民经济统计的要求有哪些？

6. 谈谈你对世界上两大核算体系的认识，它们的差别有哪些？

7. 我国新国民经济核算体系的主要特点是什么？

8. 什么是国内生产总值？它的计算方法有哪几种？

9.“国民经济五大核算”的具体内容是指哪些？

10. GDP 和 GNP 有何区别与联系？

六、计算分析题

练习要求：按各题的要求，计算、填表和进行分析。

已知某国在 2015 年度的国内生产总值为 4 787 亿元，来自国外的劳动要素收入净额 10 亿元，来自国外的生产税净额 5 亿元，来自国外的财产收入净额 16 亿元，来自国外的经常转移收入净额 1 亿元，本年的固定资产折旧为 520 亿元，总消费为 2 350 亿元。

试根据上述资料计算该国在 2015 年度的以下指标：

（1）国民总收入（国民生产总值）

（2）国内生产净值

（3）国民生产净值

（4）国民可支配总收入

（5）国民可支配净收入

（6）总储蓄

（7）净储蓄

七、单项训练题

练习要求：阅读资料，按要求进行训练。

（一）资料

某地区在 2017 年度国民经济核算的基础资料如下：

（1）总产出 1 280 亿元；

（2）中间消耗 760 亿元；

（3）固定资产消耗 62 亿元；

（4）劳动报酬 300 亿元；

（5）生产税净额 40 亿元；

（6）营业盈余 100 亿元；

（7）最终消费 290 亿元；

（8）总资本形成 210 亿元；

（9）出口 112 亿元；

（10）进口 91 亿元。

（二）要求

（1）用生产法、收入法和支出法分别计算该地区 2017 年度的国内生产总值，并按“三面等值”的要求对差异进行调整。

（2）编制该地区 2017 年度国内生产总值表。

（三）训练

（1）根据上述资料，用三种方法计算该地区当年的国内生产总值。

解：①生产法

国内生产总值 = 总产出 − 中间投入

=

②收入法

国内生产总值 = 固定资产折旧 + 劳动者报酬 + 生产税净额 + 营业盈余

=

③支出法

国内生产总值 = 总消费 + 总投资 + 净出口

= 最终消费 + 资本形成总额 +（出口 − 进口）

=

应以生产方为主，调整使用方，调整后应“三面等值”。即：

国内生产总值 =

（2）编制该地区 2017 年度国内生产总值表。

表 10-1　　某地区 2017 年国内生产总值表　　单位：

一、		一、	
二、		二、	
三、		三、	
1.		1.	
2.		2.	
3.		3.	
4.		4.	
		5.	

参考答案

项目一　统计认知

一、单项选择题

1. C　2. D　3. B　4. C　5. B　6. A　7. D　8. B　9. B　10. A
11. C　12. B　13. C　14. B　15. D　16. B　17. D　18. B　19. D　20. D
21. C　22. D　23. D　24. D　25. C　26. C　27. B　28. A　29. A　30. A
31. A　32. C　33. D

二、多项选择题

1. ACE　2. ABE　3. ABCDF　4. ACDEF　5. ABCD　6. ABEF
7. ABDE　8. BCE　9. BDF　10. ABD　11. CDE　12. ACD
13. ABE　14. ABCE　15. ABCE　16. ADE　17. AB　18. ABCDF
19. CDE

三、判断题

1. √　2. √　3. ×　4. √　5. √　6. √　7. √　8. ×　9. ×　10. ×
11. ×　12. ×　13. √　14. √　15. ×　16. ×　17. ×　18. √　19. ×　20. ×
21. ×　22. ×　23. √　24. √　25. √　26. √　27. √　28. ×　29. ×　30. √
31. ×　32. ×

四、填空题

1. 统计工作、统计资料、统计学
2. 收集、分析、表述、解释
3. 威廉·配第　　政治算术
4. 阿道夫·凯特勒　　统计学之父
5. 总体的数量方面、数量特征、数量关系、数量性、总体数、变异性、具体性、社会性

6. 总体现象、总体单位

7. 数量标志、品质标志、不变标志、可变标志

8. 总体现象、概念、具体数值、时间、空间、指标名称、计量单位、计量方法、指标数量

9. 可变标志、数量标志

10. 连续、离散、确定性、随机性

11. 收集、汇总、整理、分析

12. 数量、质量、总量、相对

13. 信息职能、咨询职能、监督职能

五、简答题

略。

六、单项训练题

（二）

1. 统计总体：该高职院校全部在校学生。

统计单位：该高职院校的每一位在校学生。

2. 品质标志：系别、性别、民族。

数量标志：年龄。

3. 有。学生人数、年龄，离散变量。

4. 数量指标：全院学生人数、各系人数、男生人数、女生人数、汉族学生人数、少数民族学生人数、学院最大（小）学生年龄。

质量指标：平均年龄。

项目二　数据采集

一、单项选择题

1. C	2. C	3. A	4. C	5. A	6. B	7. A	8. C	9. C	10. C
11. B	12. C	13. B	14. C	15. B	16. A	17. C	18. D	19. A	20. B
21. A	22. B	23. B	24. A	25. B	26. C	27. B	28. A	29. D	30. B
31. C	32. A	33. A	34. C	35. A	36. C	37. D	38. D		

二、多项选择题

1. AB	2. CDE	3. ABC	4. BCE	5. AD	6. BCDE
7. ABE	8. ABCE	9. ABCDE	10. BCE	11. CE	12. AD
13. DE	14. ACD	15. ABD	16. BCE	17. BCD	18. ABC
19. ABCDE	20. ACD				

三、判断题

1. √ 2. √ 3. × 4. × 5. √ 6. √ 7. × 8. √ 9. × 10. ×
11. √ 12. √ 13. √ 14. × 15. × 16. × 17. × 18. √ 19. √ 20. √
21. √ 22. × 23. √

四、填空题

1. 原始资料、次级资料
2. 分类型数据、顺序型数据、数量数据
3. 全面调查、非全面调查
4. 一次性、连续性
5. 普查、抽样调查、重点调查、科学推算
6. 统计报表、普查、重点调查、抽样调查、典型调查
7. 分类型数据、顺序型数据、数量数据
8. 准确性、及时性、全面性、系统性
9. 科学实验、直接观察法、报告法、访问法、问卷法、文献法
10. 调查目的、调查对象和调查单位、调查项目和调查表、调查时间和期限、调查的组织工作
11. 该地区工业企业全部职工、该地区工业企业每一位职工、该地区每一家工业企业
12. 表头、表体、表脚
13. 一次性、全面调查、时点
14. 非全面调查、数量、标志值之和
15. 解剖麻雀、划类选典、抓两头
16. 随机原则、推断总体
17. 政府统计机关或统计调查的组织机构、国家调查文件、自上而下、自下而上、
18. 全面统计报表、非全面统计报表
19. 日报、旬报、月报、季报、半年报、年报
20. 原始记录、统计台账、内部报表

五、问答题

略。

六、单项训练题

略。

项目三　数据整理

一、单项选择题

1. C	2. D	3. B	4. D	5. A	6. C	7. C	8. D	9. A	10. C
11. A	12. D	13. B	14. A	15. C	16. C	17. A	18. C	19. B	20. B
21. C	22. C	23. B	24. D	25. A	26. B	27. A	28. C	29. B	30. A
31. D	32. B	33. B	34. B	35. C	36. C	37. C	38. A	39. A	40. A

二、多项选择题

1. ADE	2. ACD	3. ABCE	4. ABC	5. ABE	6. BDE
7. ABE	8. BCD	9. ABCE	10. BC	11. ABC	12. BCD
13. CD	14. BCD	15. BDE	16. ABDE	17. CD	18. ABCD
19. ADE	20. CD	21. CD	22. AD	23. BCDE	24. ADE

三、判断题

1. ×	2. ×	3. √	4. √	5. ×	6. √	7. √	8. √	9. √	10. √
11. √	12. √	13. ×	14. √	15. √	16. ×	17. √	18. ×	19. √	20. √
21. √	22. ×	23. √	24. √	25. √	26. ×	27. ×	28. √		

四、填空题

1. 目的和任务、原始资料、分组和汇总、总体数量
2. 感性认识上升到理性认识、连接点、承前启后
3. 目的和任务、一定的标志、性质
4. 组限、组中值
5. 穷尽、互斥、不遗漏、不重复
6. 等距、异距
7. 重叠、上限或下限
8. 频率、频数、总数量
9. 同质性、差异性
10. 正确选择分组标志和划分各组界限
11. 手工操作、较小基层、划记法、过录法、折叠法、卡片法
12. 逐级汇总、集体汇总、综合汇总
13. 统计整理方案设计、统计数据资料审核、统计分组、统计汇总、编制分配数列、统计数据显示
14. 正确性、逻辑检查、计算检查、对比检查
15. 等距、异距

16. 重叠的变量值不能作为上限值，而应作为下限值
17. 两边小中间大、偏态、正态
18. 主词、简单表、分组表、复合表
19. 几何图
20. 向上累计、向下累计、向上累计、向下累计

五、问答题

略。

六、计算分析题

1.

月工资额（元）	组距	组中值
600 以下	—	500
600-800	200	700
800-1000	200	900
1000-1200	200	1100
1200 以上	—	1300

2. 略。
3. 略。
4.
（1）等距数列。
（2）略。
（3）

日产量分组（件）	工人数（人）	组距	组中值	频率（%）
50-60	6	10	55	11. 32
60-70	12	10	65	22. 64
70-80	18	10	75	33. 96
80-90	10	10	85	18. 9
90-100	7	10	95	13. 21
合 计	53	—	—	100

5. 略。

七、单项训练题

（一）~（三）1~2　略。

3.

考试成绩（分）	人数（人）	比重（%）	向上累计		向下累计	
			人数	比重（%）	人数	比重（%）
60 以下	6	11.111	6	11.111	54	100
60-70	9	16.667	15	27.778	48	88.889
70-80	20	37.037	35	64.815	39	72.222
80-90	14	25.926	49	90.741	19	35.185
90-100	5	9.259	54	100	5	9.259
合 计	54	100	—	—	—	—

（1）80 分以下有 35 人。
（2）70 分以上有 39 人。
4. 略。

项目四　综合指标分析

一、单项选择题

1. B　2. B　3. A　4. C　5. D　6. D　7. B　8. A　9. D　10. B
11. C　12. B　13. A　14. B　15. D　16. D　17. D　18. A　19. D　20. A
21. D　22. D　23. C　24. C　25. C　26. C　27. A　28. B　29. B　30. D
31. D　32. B　33. D　34. B　35. B

二、多项选择题

1. ABCD　2. BCD　3. ACD　4. ABC　5. ABE　6. ABD
7. ADE　8. ABDE　9. BC　10. ABC　11. AB　12. ABC
13. ACD　14. BCE　15. BDE　16. ABC　17. CD　18. BC
19. BCDE　20. ACD　21. BD　22. AC　23. ABCD　24. BCD
25. ABC　26. CD　27. ABCE　28. DE　29. AC　30. ACE

三、判断题

1. ×　2. √　3. √　4. ×　5. ×　6. ×　7. √　8. ×　9. ×　10. ×
11. √　12. √　13. ×　14. √　15. ×　16. ×　17. ×　18. √　19. ×　20. ×
21. ×　22. ×　23. ×　24. ×　25. ×　26. ×　27. ×　28. ×　29. ×

四、填空题

1. 总体单位总量、总体标志总量、时点指标、时期指标

2. 时期指标、总体标志总量
3. 绝对权数、相对权数、加权算术平均数、权重公式
4. 中间、中出现次数最多、位置平均数
5. 性质不同、联系、强度、密度、普遍程度
6. 权衡轻重，次数
7. 平均比率、平均速度
8. 单位的总数量、本身规模的大小、各单位某一数量标志值的总和。

五、问答题

略。

六、计算分析题

1. 零售商业网点正指标 6300 个/3100 千人=2.032（个/千人）
零售商业网点逆指标 3100 千人/6300 个=0.492（千人/个）
2. 该企业产值计划完成情况 2480 万元/2200 万元=112.73 %，超额完成任务。
甲产品单位成本计划完成情况 110 元/120 元=91.67%，超额完成任务。

3. $\frac{1+8\%}{1+5\%}\times100\%=102.86\%$，超额完成任务。

$\frac{1-6\%}{1-5\%}\times100\%=98.95\%$，超额完成任务。

4. $\frac{1.5}{1+20\%}\times100\%=125\%$，超额完成任务。

5.（1）

$$\frac{200+230+260+65+65+70+75+75+80+80+85}{1200}\times100\%=107.08\%,$$

提前一个季度完成任务。

（2）

$\frac{75+80+80+85}{300}\times100\%=106.67\%$，提前 2 个季度完成任务。

6. $$\bar{x}=\frac{\sum m}{\sum \frac{m}{x}}=\frac{1+1+1}{\frac{1}{1.25}+\frac{1}{1}+\frac{1}{0.8}}=0.98(\text{元/千克})$$

$$\bar{x}=\frac{\sum xf}{\sum f}=\frac{1\times1.25+1\times1+1\times0.8}{1+1+1}=1.02(\text{元/千克})$$

7. 108%、119.57%、101.85%、97.94 .

8. $$\bar{x}=\sum x\cdot\frac{f}{\sum f}$$
$$=65\times15\%+75\times40\%+85\times35\%+95\times10\%=79(\text{元/人})$$

9. 各地平均价格和总平均价格分别为：2 万元/ 吨、2.1 万元/ 吨、2.03 万元/ 吨、1.9 万元/ 吨、1.98 万元/ 吨。

10. $\bar{x}=\dfrac{\sum m}{\sum \dfrac{m}{x}}=\dfrac{216+115.2+72}{\dfrac{216}{20}+\dfrac{115.2}{16}+\dfrac{72}{12}}=16.8$(元/千克)

11. 该企业职工平均工资：

$$\bar{x}=\frac{\sum xf}{\sum f}$$

$$=\frac{700\times 60+900\times 100+1300\times 140+1500\times 60+1700\times 140}{400}$$

$=1180$(元/人)

标准差：

$$\sigma=\sqrt{\frac{\sum (x-\bar{x})^2 f}{\sum f}}=\sqrt{\frac{40640000}{400}}=\sqrt{101600}\approx 318.8(\text{元})$$

标准差系数：

$$V_\sigma=\frac{\sigma}{\bar{x}}\times 100\%=\frac{318.8}{1180}\times 100\%=27\%$$

全距：$D=x_{max}-x_{min}=1800-600=1200$(元)

七、单项训练题

（一）~（二）略。

（三）1.

考试分数（分）	学生人数（人）f_i	比重（%）	组中值 x	向上累计次数	xf	$(x-\bar{x})^2$	$(x-\bar{x})^2\cdot f_i$
60 以下	4	8	55	4	220	449.44	1797.76
60-70	10	20	65	14	650	125.44	1254.4
70-80	18	36	75	32	1350	1.44	25.92
80-90	12	24	85	44	1020	77.44	929.28
90-100	6	12	95	50	570	353.44	2120.64
合 计	50	100	—	—	3810	1050.76	6128

2. $\bar{x}_{3班}=\sum x\cdot\dfrac{f}{\sum f}$

$=55\times 8\%+65\times 20\%+75\times 36\%+85\times 24\%+12\times 10\%=76.2$(分/人)

3. 略。

4. $\sigma_{3班} = \sqrt{\dfrac{\sum (x-\bar{x})^2 f}{\sum f}} = \sqrt{\dfrac{6128}{50}} = \sqrt{122.56} \approx 11.08$(元)

$V_{\sigma 3班} = \dfrac{\sigma_{3班}}{\bar{X}_{3班}} \times 100\% = \dfrac{11.08}{76.2} \times 100\% = 14.5\%$

$V_{\sigma 4班} = \dfrac{\sigma_{4班}}{\bar{X}_{4班}} \times 100\% = \dfrac{7.2}{78.6} \times 100\% = 9.2\%$

5. 4 班的成绩更好，4 班平均分的代表性更大，用标准差系数进行比较。

项目五　时间数列分析

一、单项选择题

1. B　2. B　3. D　4. D　5. B　6. B　7. A　8. C　9. C　10. C
11. C　12. D　13. D　14. B　15. A　16. B　17. D　18. C　19. A　20. A
21. C　22. C　23. D　24. C　25. B　26. A　27. C　28. B　29. A　30. A
31. D　32. A

二、多项选择题

1. BCD　2. AE　3. DE　4. ABD　5. ABE　6. BCE
7. ABCE　8. ACD　9. BCE　10. BCE　11. ABDE　12. ABD
13. ABD　14. BC　15. BC　16. AC　17. AD　18. AE
19. ABCE　20. ABCD　21. ACE　22. BD　23. AC　24. AD
25. ACD

三、判断题

1. ×　2. ×　3. √　4. ×　5. √　6. √　7. ×　8. ×　9. ×　10. ×
11. √　12. ×　13. √　14. √　15. √　16. ×　17. √　18. √　19. √　20. √
21. √　22. √　23. ×　24. ×　25. ×

四、填空题

1. 时间、指标值
2. 各指标数据可比性
3. 绝对数、相对数、平均数、绝对数
4. 时间数列、不同时间上的数量、变量数列、总体各单位间的
5. 均匀的
6. 报告期水平、基期水平、逐期、累计、逐期增长量之和等于累计增长量
7. 报告期水平、基期水平、动态、发展变化的程度

8. 环比发展、序时
9. 6.67%
10. 首末折半法
11. 长期、循环
12. 时距扩大法、移动平均法、最小二乘法
13. 4
14. 长期趋势变动、季节变动、循环变动、不规则变动
15. 100%、1200%、旺季、淡季

五、问答题

略。

六、计算分析题

1. 第一季度平均每月产量

$$\bar{a}_1=\frac{2200+2400+2400}{3}=2333\text{（台）}$$

第一季度平均每月产量

$$\bar{a}_2=\frac{2500+2600+2700}{3}=2600\text{（台）}$$

第一季度平均每月产量

$$\bar{a}_3=\frac{2800+2900+3000}{3}=2900\text{（台）}$$

第一季度平均每月产量

$$\bar{a}_4=\frac{3100+3400+3500}{3}=3333\text{（台）}$$

全年平均每月产量

$$\bar{a}=\frac{2200+2400+2400+2500+2600+2700+2800+2900+3000+3100+3400+3500}{12}$$

$$=2792\text{（台）}$$

2.

（1）

指标	1 月	2 月	3 月	4 月	5 月	6 月	7 月
月初工人数（人）	400	380	420	426	436	440	460
月平均人数（人）	390	400	423	431	438	450	452

（2）

一季度平均人数

$$\bar{a}_1=\frac{\frac{a_1}{2}+a_2+a_3+\frac{a_4}{2}}{3}=\frac{200+380+420+213}{3}=404(\text{人})$$

一季度平均人数

$$\bar{a}_2=\frac{\frac{a_4}{2}+a_5+a_6+\frac{a_7}{2}}{3}=\frac{213+436+440+230}{3}=440(\text{人})$$

一季度平均人数

$$\bar{a}=\frac{\frac{a_1}{2}+a_2+a_3+a_4+a_5+a_6+\frac{a_7}{2}}{6}=422(\text{人})$$

3. $$\bar{a}=\frac{\frac{a_1}{2}+a_2+a_3+\frac{a_4}{2}}{3}=\frac{350+720+750+400}{3}=740(\text{人})$$

4. $$\bar{a}=\frac{\frac{a_1+a_2}{2}\times 2+\frac{a_2+a_3}{2}\times 4+\frac{a_3+a_4}{2}\times 1+\frac{a_4+a_5}{2}\times 3+\frac{a_5+a_6}{2}\times 2}{12}$$

$$=27.5(\text{吨})$$

5. $$\bar{a}=\frac{50\times 108\%+65\times 120\%+80\times 125\%+80\times 105\%}{50+65+80+80}=115\%$$

6.

(1) 平均工人人数:

$$\bar{a}=\frac{\frac{a_1}{2}+a_2+a_3+\frac{a_4}{2}}{3}=\frac{260+490+530+250}{3}=510(\text{人})$$

(2) 平均产值:

$$\bar{b}=\frac{\sum b}{n}=\frac{200+220+260}{3}=227(\text{万元})$$

第一季度平均劳动生产率:

$$\bar{c}=\frac{\bar{b}}{\bar{a}}=\frac{227}{510}=0.445(\text{万元/人})$$

(3) 第一季度劳动生产率:

$$\bar{c}=\frac{\sum b}{\bar{a}}=\frac{200+220+260}{510}=1.333(\text{万元/人})$$

7. 平均管理人员人数:

$$\bar{a}=\frac{\frac{a_1+a_2}{2}\times 4+\frac{a_2+a_3}{2}\times 2+\frac{a_3+a_4}{2}\times 6}{12}=1826(\text{人})$$

平均职工人数：

$$\bar{b}=\frac{\frac{b_1+b_2}{2}\times 4+\frac{b_2+b_3}{2}\times 2+\frac{b_3+b_4}{2}\times 6}{12}=24740(\text{人})$$

管理人员占职工的平均比重：

$$\bar{c}=\frac{\bar{a}}{\bar{b}}=\frac{1826}{24740}=7.38\%$$

8.

（1）

年份	2013	2014	2015	2016	2017
产值（万元）	100	132	150	162	170. 1
逐期增长量（万元）	—	32	18	12	8. 1
环比发展速度（%）	—	132	113. 6	108	105
环比增长速度（%）	—	32	13. 6	8	5
增长1%的绝对值（万元）	—	1	1. 32	1. 50	1. 62

（2）

平均发展水平：

$$\bar{a}=\frac{\sum a}{n}=\frac{714.1}{5}=142.82(\text{万元})$$

平均增长量：

$$\bar{b}=\frac{a_{17}-a_{13}}{n}=\frac{70.1}{4}=17.525(\text{万元})$$

平均增长速度：

$$d-=\sqrt[4]{\frac{a_{17}}{a_{13}}}-1=\sqrt[4]{\frac{170.1}{100}}-1=\sqrt[4]{1.701}-1$$

9. 答案要点：2014年年底人口数为1549万人，2015年年底人口数为1561万人，2015年粮食产量为65. 31亿千克。

10. 平均增长速度：

$$\bar{a}=\sqrt[9]{\frac{a_{12}}{a_{03}}}-1=\sqrt[9]{\frac{a_{12}}{a_{09}}\times\frac{a_{09}}{a_{06}}\times\frac{a_{06}}{a_{03}}}-1=\sqrt[9]{1.09^3\times 1.08^3\times 1.1^3}-1$$

11. 该地区粮食产量逐年增加。

12. （1）季节比率分别为98. 26%、81. 39%、107. 5%、112. 8%，调整系数为1. 000125，调整后季节指数分别为98. 27%、81. 4%、107. 51%、112. 81%。

（2）预测2017年第三季度销售量为169. 34吨。

七、单项训练题

（一）直线方程：y=483. 3+137. 6t.

（二）略。
（三）1~2　略。
3. 预测2018年销售额为1446.5万元，2019年销售额为1584.1万元。

项目六　统计指数分析

一、单项选择题

1. B　2. B　3. B　4. C　5. B　6. A　7. D　8. D　9. C　10. C
11. C　12. A　13. A　14. C　15. D　16. B　17. D　18. D　19. D　20. C
21. C　22. A　23. C　24. A　25. A　26. A　27. A　28. B　29. B　30. A

二、多项选择题

1. BCDE　2. ABD　3. ABD　4. AC　5. BD　6. AB
7. BCD　8. ADE　9. ACE　10. CDE　11. ABCD　12. ABCDE
13. ACE　14. ABD　15. ABCDE　16. CDE　17. BD　18. ABCE
19. ABE　20. CE

三、判断题

1. √　2. √　3. ×　4. √　5. ×　6. √　7. ×　8. ×　9. √　10. ×
11. ×　12. ×　13. √　14. √　15. ×　16. ×　17. ×　18. √　19. ×　20. √
21. √　22. ×　23. ×　24. ×　25. √　26. √　27. ×　28. √　29. √　30. √

四、填空题

1. 综合指数、平均指数
2. 产量、价格
3. 基期、报告期
4. 算术平均数指数、调和平均数指数
5. 总平均指数、可变构成指数、固定构成指数、结构影响指数
6. 指数体系
7. 数量指标个体指数、数量指标相应的分母
8. 质量指标个体指数、质量指标相应的分子
9. 使用同变量因素
10. 经济上、数量上
11. 不同的度量单位、相同的度量单位、同度量作用、权数作用
12. 各组平均数、次数结构、报告期
13. 所研究现象总量变动的相对程度和绝对差额、两个影响因素综合变动的相对程度和对总量变动影响的绝对差额、综合分析说明

五、问答题

略。

六、计算分析题

1.

（1）甲、乙、丙三种商品的销售量、销售价格的个体指数分别是：

$$k_{q甲}=\frac{q_1}{q_0}=\frac{550}{500}=110\%,\quad k_{p甲}=\frac{p_1}{p_0}=\frac{1500}{1000}=150\%.$$

$$k_{q乙}=\frac{q_1}{q_0}=\frac{660}{600}\times100\%=110\%,\quad k_{p乙}=\frac{p_1}{p_0}=\frac{120}{160}\times100\%=75\%.$$

$$k_{q丙}=\frac{q_1}{q_0}=\frac{120}{100}\times100\%=120\%,\quad k_{p丙}=\frac{p_1}{p_0}=\frac{40}{50}\times100\%=80\%.$$

（2）

$$\bar{K}_q=\frac{\sum q_1p_0}{\sum q_0p_0}=\frac{661600}{601000}\times100\%=110.083\%,$$

$$\sum q_1p_0-\sum q_0p_0=60600(元).$$

（3）

$$\bar{K}_p=\frac{\sum q_1p_1}{\sum q_1p_0}=\frac{909000}{661600}\times100\%=137.394\%,$$

$$\sum q_1p_1-\sum q_1p_0=247400(元).$$

2.

（1）

$$\bar{K}_{qp}=\frac{\sum q_1p_1}{\sum q_0p_0}=\frac{203750}{158000}\times100\%=128.96\%,$$

$$\sum q_1p_1-\sum q_0p_0=45750(元).$$

（2）

$$\bar{K}_p=\frac{\sum q_1p_1}{\sum q_1p_0}=\frac{203750}{218000}\times100\%=93.46\%,$$

$$\sum q_1p_1-\sum q_1p_0=-14250(元).$$

（3）

$$\bar{K}_q=\frac{\sum q_1p_0}{\sum q_0p_0}=\frac{218000}{158000}\times100\%=137.97\%,$$

$$\sum q_1p_0-\sum q_0p_0=60000(元).$$

3.

（1）

$$\bar{K}_p=\frac{\sum q_1p_1}{\sum q_1p_0}=\frac{1777500}{1440000}\times 100\%=123.44\%,$$

$\sum q_1p_1-\sum q_1p_0=337500$(元).

（2）

$$\bar{K}_q=\frac{\sum q_1p_0}{\sum q_0p_0}=\frac{1440000}{960000}\times 100\%=150\%,$$

$\sum q_1p_0-\sum q_0p_0=480000$(元).

（3）

$$\bar{K}_{qp}=\frac{\sum q_1p_1}{\sum q_0p_0}=\frac{1777500}{960000}\times 100\%=185.16\%,$$

$\sum q_1p_1-\sum q_0p_0=817500$(元).

4. 参考要点：

$\sum q_0p_0=1541$(亿元)， $\sum q_1p_0=1772$(亿元)， $\sum q_1p_1-\sum q_1p_0=228$(亿元).

5. 参考要点：

$\sum q_1p_0=167$(亿元)， $\sum q_1p_1-\sum q_1p_0=33$(亿元).

6. 参考要点：

$\bar{K}_{qp}=110.4\%$， $\sum q_1p_1=3312$(亿元)， $\sum q_1p_1-\sum q_0p_0=312$(亿元).

7.

（1）总变动

$$\bar{K}_{qp}=\frac{\sum q_1p_1}{\sum q_0p_0}=\frac{128700}{111000}\times 100\%=115.95\%,$$

$\sum q_1p_1-\sum q_0p_0=17700$(元).

（2）因素分析

$$\bar{K}_p=\frac{\sum q_1p_1}{\sum q_1p_0}=\frac{128700}{115000}\times 100\%=111.91\%,$$

$\sum q_1p_1-\sum q_1p_0=13700$(元).

$$\bar{K}_q=\frac{\sum q_1p_0}{\sum q_0p_0}=\frac{115000}{111000}\times 100\%=103.6\%,$$

$\sum q_1p_0-\sum q_0p_0=4000$(元).

（3）指数体系

$$\begin{cases}115.95\% = 111.91\% \times 103.6\%.\\ 17700 = 13700 - 4000.\end{cases}$$

（4）分析（文字描述）。略。

8.

（1）

$$\bar{K}_{qp} = \frac{\sum q_1p_1}{\sum q_0p_0} = \frac{680}{650} \times 100\% = 104.62\%,$$

$$\sum q_1p_1 - \sum q_0p_0 = 30(\text{万元}).$$

（2）

$$\bar{K}_q = \frac{\sum q_1p_0}{\sum q_0p_0} = \frac{\sum k_q q_0p_0}{\sum q_0p_0} = \frac{666}{650} \times 100\% = 102.46\%,$$

$$\sum q_1p_0 - \sum q_0p_0 = 16(\text{万元}).$$

（3）

$$\bar{K}_p = \frac{\sum q_1p_1}{\sum q_1p_0} = \frac{\sum q_1p_1}{\sum k_q q_0p_0} = \frac{680}{666} \times 100\% = 102.10\%,$$

$$\sum q_1p_1 - \sum q_1p_0 = 14(\text{万元}).$$

9.

（1）

$$\bar{K}_{qp} = \frac{\sum q_1p_1}{\sum q_0p_0} = \frac{760}{700} \times 100\% = 108.57\%,$$

$$\sum q_1p_1 - \sum q_0p_0 = 60(\text{万元}).$$

（2）

$$\bar{K}_p = \frac{\sum q_1p_1}{\sum q_1p_0} = \frac{\sum q_1p_1}{\sum \frac{q_1p_1}{k_p}} = \frac{760}{782.98} \times 100\% = 97.07\%,$$

$$\sum q_1p_1 - \sum q_1p_0 = -22.98(\text{万元}).$$

（3）

$$\bar{K}_q = \frac{\sum q_1p_0}{\sum q_0p_0} = \frac{\sum \frac{q_1p_1}{k_p}}{\sum q_0p_0} = \frac{782.98}{700} \times 100\% = 111.85\%,$$

$$\sum q_1p_0 - \sum q_0p_0 = 82.98(\text{万元}).$$

10.

$$\bar{x}_1=\frac{\sum x_1f_1}{\sum f_1}=\frac{2800000}{500}=5600.$$

$$\bar{x}_0=\frac{\sum x_0f_0}{\sum f_0}=\frac{400000}{140}=2857.$$

$$\bar{x}_n=\frac{\sum x_0f_1}{\sum f_1}=\frac{1900000}{500}=3800.$$

(1)

$$\bar{K}_{可变}=\frac{\dfrac{\sum x_1f_1}{\sum f_1}}{\dfrac{\sum x_0f_0}{\sum f_0}}=\frac{5600}{2857}\times 100\%=196.01\%,\ \frac{\sum x_1f_1}{\sum f_1}-\frac{\sum x_0f_0}{\sum f_0}=2743(万元).$$

(2)

①

$$\bar{K}_{结构}=\frac{\dfrac{\sum x_0f_1}{\sum f_1}}{\dfrac{\sum x_0f_0}{\sum f_0}}=\frac{3800}{2857}\times 100\%=133.01\%,$$

$$\frac{\sum x_0f_1}{\sum f_1}-\frac{\sum x_0f_0}{\sum f_0}=943(万元).$$

②

$$\bar{K}_{固定}=\frac{\dfrac{\sum x_1f_1}{\sum f_1}}{\dfrac{\sum x_0f_1}{\sum f_1}}=\frac{5600}{3800}\times 100\%=147.37\%,$$

$$\frac{\sum x_1f_1}{\sum f_1}-\frac{\sum x_0f_1}{\sum f_1}=1800(万元).$$

③

$$\begin{cases}196.01\%=133.01\%\times 147.37\%\\ 2743=943+1800\end{cases}$$

④

分析（文字描述）。略。

七、单项训练题

（二）1.

（1）

$$\bar{K}_{qp}=\frac{\sum q_1p_1}{\sum q_0p_0}=\frac{3250}{1400}\times 100\%=232.14\%,$$

$$\sum q_1p_1-\sum q_0p_0=1850(\text{万元}).$$

（2）

$$\bar{K}_p=\frac{\sum q_1p_1}{\sum q_1p_0}=\frac{3250}{2900}\times 100\%=112.07\%,$$

$$\sum q_1p_1-\sum q_1p_0=350(\text{万元}).$$

（3）

$$\bar{K}_q=\frac{\sum q_1p_0}{\sum q_0p_0}=\frac{2900}{1400}\times 100\%=207.14\%,$$

$$\sum q_1p_0-\sum q_0p_0=1500(\text{万元}).$$

（4）

$$\begin{cases}232.14\%=112.07\%\times 207.14\%\\1850=350+1500\end{cases}$$

（5）

分析（文字描述）。略。

2.

$$\bar{x}_1=\frac{\sum x_1f_1}{\sum f_1}=\frac{3250}{1300}=2.5$$

$$\bar{x}_0=\frac{\sum x_0f_0}{\sum f_0}=\frac{1400}{600}=2.33$$

$$\bar{x}_n=\frac{\sum x_0f_1}{\sum f_1}=\frac{2900}{1300}=2.23$$

（1）

$$\bar{K}_{\text{可变}}=\frac{\dfrac{\sum x_1f_1}{\sum f_1}}{\dfrac{\sum x_0f_0}{\sum f_0}}=\frac{2.5}{2.33}\times 100\%=107.30\%,$$

$$\frac{\sum x_1f_1}{\sum f_1}-\frac{\sum x_0f_0}{\sum f_0}=0.17(\text{万元}).$$

(2)

$$\bar{K}_{\text{固定}}=\frac{\dfrac{\sum x_1f_1}{\sum f_1}}{\dfrac{\sum x_0f_1}{\sum f_1}}=\frac{2.5}{2.23}\times 100\%=112.11\%,$$

$$\frac{\sum x_1f_1}{\sum f_1}-\frac{\sum x_0f_1}{\sum f_1}=0.27(\text{万元}).$$

(3)

$$\bar{K}_{\text{结构}}=\frac{\dfrac{\sum x_0f_1}{\sum f_1}}{\dfrac{\sum x_0f_0}{\sum f_0}}=\frac{2.23}{2.33}\times 100\%=95.71\%,$$

$$\frac{\sum x_0f_1}{\sum f_1}-\frac{\sum x_0f_0}{\sum f_0}=-0.1(\text{万元}).$$

(4)

$$\begin{cases}107.30\%=112.11\%\times 95.71\%\\0.17=0.27+(-0.1)\end{cases}$$

(5)

分析（文字描述）。略。

项目七　相关与回归分析

一、单项选择题

1. B　2. C　3. D　4. B　5. C　6. B　7. D　8. C　9. A　10. A
11. C　12. D　13. D　14. A　15. B　16. D　17. C　18. A　19. B　20. D
21. A　22. A　23. D　24. B　25. B

二、多项选择题

1. EC　2. BC　3. BED　4. BE　5. ABCDE　6. AD
7. ABDE　8. AD　9. ABCE　10. ABC　11. ABE　12. AD
13. ABDE　14. AC　15. ABD　16. BD　17. BCE　18. BDE

三、判断题

1. × 2. √ 3. √ 4. × 5. × 6. × 7. × 8. × 9. √ 10. √
11. √ 12. √ 13. × 14. × 15. × 16. √ 17. × 18. √ 19. × 20. ×
21. × 22. × 23. √ 24. √ 25. ×

四、填空题

1. 完全相关、不完全相关、不相关
2. 正相关、负相关、正相关关系
3. 相关、回归
4. 直线相关、两个现象之间的密切程度
5. 正相关、负相关
6. 显著、高度、回归
7. 对等、随机变量、不对等、自变量、因变量
8. 截距、回归系数、估计值、起始值、自变量、因变量
9. 小、实际值、估计值、代表性
10. 相关、±1、完全相关

五、问答题

略。

六、计算分析题

(1)

$$\bar{x} = \frac{\sum x}{n} = 652.59(\text{万元})$$

$$\bar{y} = \frac{\sum y}{n} = 1009.9(\text{万元})$$

$$r = \frac{n\sum xy - \sum x\sum y}{\sqrt{n\sum x^2 - (\sum x)^2} \cdot \sqrt{n\sum y^2 - (\sum y)^2}} = 0.9547(\text{万元})$$

(2)

$$b = \frac{n\sum xy - \sum x\sum y}{n\sum x^2 - (\sum x)^2} = 0.9962$$

$$a = \frac{\sum y}{n} - b \cdot \frac{\sum x}{n} = 359.88$$

$y = 359.88 + 0.9962x$

(3) a 为初始值；b 为回归系数，表示生产性固定资产每增加 1 万元，总产值增加

0.9962 万元。

(4) $y = 359.88 + 0.9962 \times 1400 = 1754.56$(万元).

2.

(1)

$$b = \frac{n\sum xy - \sum x \sum y}{n\sum x^2 - (\sum x)^2} = 0.5875$$

$$a = \frac{\sum y}{n} - b \cdot \frac{\sum x}{n} = -6.115$$

$y = -6.115 + 0.5875x$

b 表示该地区人均收入每增加 1 元，商品销售额增加 0.5875 万元。

(2)

$y_{2017} = -6.115 + 0.5875 \times 1200 = 698.885$(万元).

3. 解题过程同题 1，略。

4. 解题过程同题 1，略。

5. 解题过程同题 1，略。

七、单项训练题

解题过程同题 1，略。

项目八~项目十　略。